이 책은 무분별한 포용주의와 독선적 배타주의라는 양극단의 오류를 밝히면서, 그리스도인은 확신과 공손을 아우르는 시민적 소양을 지녀야 함을 설득력 있게 호소하고 있다. 상이한 가치관과 이념의 첨예한 갈등을 겪고 있는 한반도에 정의와 평화가 서로 입맞추는 하나님 나라를 이루어 나가기를 갈망하는 그리스도인들이라면 몸으로 반드시 실천해 나가야 할 책이다.

박득훈, 새맘교회 전임목사, 교회개혁실천연대 집행위원

다원적이고 복잡하고 역동적인 현대 사회 속에서 그리스도인은 복음에 합당한 삶, 곧 소금과 빛으로서의 삶을 어떻게 살아낼 것인가? 『무례한 기독교』가 일관되게 강조하는 '신념을 가진 예의 있는 교양인'이라는 가치는, 현대 사회를 살아가는 모든 그리스도인의 삶에 진정한 기독교 영성에 대한 분명한 울림을 준다. 이 책을 통해 그 어느 때보다도 사회적인 불신의 늪에 빠져 있는 한국 교회를 돌아보면서 '진정한 그리스도인'의 삶의 존재 방식에 대해 진지하게 성찰할 수 있는 기회가 되기를 소망한다.

양세진, 소셜이노베이션그룹 대표

이 책은 유래 없는 사회적 갈등을 경험하고 있는 21세기 대한민국의 교회와 신앙인들에게도 참으로 시사하는 바가 많은 적절한 내용을 담고 있다. 교회가 진보와 보수 및 세대 간의 갈등 속에서 어느 한쪽에 섬으로써 갈등을 더욱 증폭시키는 역할을 하기보다는 복음적 원칙 위에서 사회적 공공선을 실현해 나가는 역할을 감당하기를 간절히 소망하는 신앙인들에게 마우의 이 책이 큰 도움을 줄 것이라 확신한다.

임성빈, 장로회신학대학교 교수, 문화선교연구원장

마우는 우리 시대에 시민교양에 대한 요청이 절박하다는 점을 확신을 가지고 논증한다. 시민교양이 멸종하다시피 한 세상에서 우리가 살고 있기 때문이다. 시민교양은 그리스도인의 마땅한 품성 중 한 가지로, 우리는 그로써 기독교 진리에 대한 강한 확신, 동의하지 않는 사람들에게서도 기꺼이 배우려는 의지, 심지어 가장 극렬한 반대자의 인간성을 존중하겠다는 바람을 가지고서 공적 토론에 참여한다. 그러한 시민교양은 다른 사람의 의견에 따라 갈팡질팡하며 그 어떤 것도 분명하게 대변하지 않는 그런 수동적인 점잖음이 아니다. 또 상대주의적인 태도일 뿐인 것도 아니다. 그것은 내적인 진지함이 자기 절제나 이성적 토론을 압도하며 무너뜨리지 않게 하는 예의바른 태도다.…이 책은 그리스도인이 반드시 명심해야 할 긴급한 메시지를 분명하게 전달한다.

"크리스채너티 투데이"

무례한
기독교

IVP(InterVarsity Press)는
캠퍼스와 세상 속의 하나님 나라 운동을 지향하는
IVF(InterVarsity Christian Fellowship)의 출판부로
생각하는 그리스도인을 위한 문서 운동을 실천합니다.

Originally published by InterVarsity Press
as *Uncommon Decency* (Revised and Expanded)
by Richard J. Mouw
ⓒ 1992, 2010 by Richard J. Mouw.
Translated and printed by permission of InterVarsity Press
P.O. Box 1400, Downers Grove, IL 60515, USA.

Korean Edition ⓒ 2014 by Korea InterVarsity Press
156-10 Donggyo-ro, Mapo-gu, Seoul 04031, Korea

무례한
기독교

다원주의 사회를 사는 그리스도인의 시민교양

리처드 마우 │ 홍병룡 옮김

차례

확대개정판 서문 9

추천의 글_ 신원하 고려신학대학원 교수 13

1. 신념 있는 시민교양: 신실한 믿음과 공손함은 양립할 수 있는가? 17
2. 기독교적 시민교양에 대한 오해 29
3. 기독교적 시민교양의 변호 41
4. 하나님의 임재 가운데 말하기: 교양을 갖춘 언어생활의 중요성 59
5. 열린 마음: 교양 있는 태도의 중요성 75
6. 영적인 토대 87
7. 다원주의의 장점 101
8. 시민교양과 성(性) 111
9. 다른 종교의 도전 133
10. 다원주의 세계에서의 기독교적 리더십 149
11. '다른 한편'이라는 것이 존재하지 않을 때: 시민교양의 한계 165
12. 지옥은 무례한 개념인가? 179
13. 아브라함 카이퍼, 테레사 수녀를 만나다: 승리주의의 문제 193
14. 느린 하나님을 섬기기: 시민교양과 종말 205

후기_ 포옹이 일깨워 준 교훈 219

주 221

확대개정판 서문

소설가 바바라 킹솔버(Barbara Kingsolver)는 예전에 쓴 작품들에 대해 어떻게 생각하느냐는 질문을 받자 이렇게 말했다. "내가 처음 쓴 소설을 그 후로는 다시 안 읽었기 때문에, 그 소설을 좋아하는 마음이 더 커졌다. 다른 모든 작품도 마찬가지다. 일단 출판되면 다시는 거들떠보지도 않는다."[1]

나도 내가 과거에 쓴 저술에 대해 똑같은 태도를 지니고 있으며, 이 책의 초판도 예외가 아니다. 그동안 독자들이 보여 준 호평에 늘 감사하는 마음을 품고 있었고, 초판을 거들떠보지도 않은 덕분에 그 마음을 줄곧 유지할 수 있었다. 그런데 최근에 다시 읽어야겠다는 생각이 들었다. 시민교양을 옹호하는 내 주장이 초판이 출간된 당시보다 지금 더 필요하기에 좀더 보충해서 내라고 권유하는 많은 사람들 때문이었다. 심지어 이 책이 "이제야말로 우리에게 정말로 필요한 상황이니" 내가 좀더 기다렸다가 요즘에 출판했더라면 더 좋을 뻔했다고 말하는 사람도 있었다. IVP 출판사의 담당자에게 연락했더니 좋은 생각이라고 환영하는 반응을 보였다. 그래서 거의 20년 전에 쓴 내용을 다시 읽었다.

읽어 보니 질적인 면에서 그리 실망스럽지 않고 예전의 내 사상이 별로 바뀌지 않은 것을 확인하고는 안도의 숨을 쉬었다. 하지만 개정 작업이 필요한 것만은 확실했다.

이 글을 쓰는 지금, 비평가들은 현재 워싱턴 D.C.의 분위기를 칙칙한 어조로 묘사하고 있다. 그 가운데 하나는 이런 내용이다. "최근 역사에서 국회가 지금처럼 양극화된 적은 없다." 충분히 공감이 가는 비평이다. 오늘날 미국 정치에서 볼 수 있는 '우리 대 너희'의 의식 구조는 내가 1980년대 말 시민교양에 관해 탐구하기로 결심했을 때보다 더 심화된 것이 분명하다. 당시만 해도 나는 국제적인 무대에서 벌어지는 무례함을 주로 생각하고 있었고, 특히 종교적인 차이가 야비한 태도의 원인인 것처럼 보였다. 예컨대, 보스니아에서 무슬림과 그리스도인 사이의 긴장 고조가 끔찍한 전쟁으로 치달은 경우, 중동에서 아랍인과 유대인 간에 벌어진 갈등, 북아일랜드에서 가톨릭교도와 개신교도 사이에 존재하는 긴장 등이었다.

이 가운데 일부는 더 이상 염려거리가 아니다. 중동은 여전히 오리무중이지만 아일랜드와 동유럽의 사태는 진정 국면에 접어들었다. 사실 오늘날 가장 심각한 정도의 무례함이 드러나는 사건 중 다수가 미국인 가까이에 있다. 갈수록 많아지고 있는 야비한 모습을 감안하면 워싱턴에서 볼 수 있는 문제들은 빙산의 일각일 뿐이다.

이 책의 초판이 나왔을 때, 나는 언론인들로부터 인터뷰 요청을 자주 받았다. 당시에 그들이 부족과 국가 간에 일어나는 '큼직한' 문제들이 아니라 주변에서 보게 되는 분노의 폭발—캘리포니아 고속도로에서 일어나는 '난폭 행위'와 슈퍼마켓에서 볼 수 있는 무례한 언행—에 관해 얘기하고 싶어 하는 걸 보고 무척 놀랐다. 그런데 그런 현상은 거기서 끝나지 않았다. 이런 소규모의 무례함이 갈수록 우리 모두의 중대한 관심사가 되고 말았다. 같은 반 아이들에게 왕따를 당하는 중학생들이 자살하는 사태가 벌어진다. 캠퍼스의 온라인 게시판들에는 이름까지 폭로돼 있는 외설적인 소문이 퍼지고 있다. 온라인에 글을 올리고 댓글을 다는 이들은 날마다 키보드 앞에 앉아서 증오심을 분출한다. 연중무휴로 돌아가는 케이블 뉴스에선 소위 '전문가들'이 서로 험한 고성을 주고받는다.

   이 모든 문제가 종교 탓은 아니지만 종교인들 사이에 무례한 모습이 많은 건 사실이다. 교단들은 성 문제를 둘러싼 난폭한 논쟁으로 갈기갈기 찢어졌다. 교인들은 자기네 재산을 보존하려고 법정에서 서로 싸운다. 문화 전쟁에 돌입한 양편 모두 치열한 슬로건 싸움을 벌인다. 소위 '새로운 무신론자들'은 신앙인들의 삶을 비난하면서 베스트셀러 목록에 이름을 올린다. 좌우를 막론하고 종교적 극단주의자들은 종교적인 적과 비종교적인 적에 관한 각종 음모론을 유포한다.

   이와 같은 최근의 현실을 반영하려고 나는 전반적인 개정 작업을 했으며, 아울러 성에 관한 양극화 현상과 기독교 공동체 내의 여러 이슈들을 다룬 부분, 그리고 타종교에 관한 논의를 상당히 확대했다. 타종교에 관한 논의의 경우는 특히 우리의 일상에 더 가까워진 이슬람의 역할을 고려했다. 그리고 시민교양의 영적인 토대가 예전보다 더 중요해졌다는 확신 가운데 새로운 장을 하나 덧붙였다.

추천의 글
그리스도인의 교양, 그 신학적 중요성

리처드 마우는 행정가이며 학자이고, 철학자이면서도 신학자다. 그는 철저한 칼빈주의 전통에 속해 있으면서도 재세례파와 오순절파에 대해 우호적이고 개방적이다. 그는 복음주의 신학교에서뿐만 아니라 하버드 대학교 신학부와 같은 진보적 신학교에서도 초청을 받아 강의한다. 복음적 진리를 타협하지 않는 보수적 신앙의 소유자이면서도 그와 다른 신학적 견해를 가진 사람들에게 환영받는 인물이다. 복음을 향한 그의 열정과 복음을 전달하는 그의 방법론에 많은 사람들이 공감하기 때문이다. 그는 복음의 진리를 보수하면서도 이 세상의 문화와 다양한 사조를 관용하며 정중한 태도와 눈으로 바라보고 그것에 애정을 갖고 대화하며, 승리주의적 태도가 아니라 십자가에 못 박힌 태도로 접근하여 노력하는 보기 드문 복음주의 학자다.

마우의 주된 학문적 관심과 작업은 크게 두 가지로 분류할 수 있다. 첫째, 영적인 것과 세상적인 것, 복음과 사회라는 다소 이분법적 사고에 천착해 왔던 복음주의 개신교회들에게 사회 윤리적 각성을 촉구하는 일이다. 그는 주로 1970년대와 1980년대에 걸쳐 학문적 초점을 이 세상 구석 어느 한 치라도 다 주의 것이라는 아브라함 카이퍼의 개혁주의 세계관에 근거해 그리스도인이 세상에서 하나님의 주권을 구현하는 삶을 권고하는 것에 맞추었다. 마우는 이 세상에서 그리스도인의 삶은 '거룩한 세속성'의 삶이라고 강조하면서 그 삶을 진작하기 위해 그리스도인의 정치 윤리와 사회 윤리를 위한 이론적 틀을 세워 교회에 제공하는 일에 앞장서 왔다.

둘째, 1990년대 이후 그의 관심은 점점 그리스도인이 하나님 나라의 시민인 동시에 이 사회의 시민으로서 비기독교적인 사조와 삶의 패턴이 주도하는 사회에서 어떻게 살아가야 할 것인지로 옮겨져, 이를 위한 공공 철학(public philosophy) 내지 문화 철학을 세우는 데 관심과 노력을 집중했다. 다원주의 사회에서 그리스도인이 어떻게 다른 신앙과 문화를 가진 사람들과 대결하지 않고 공존하면서 그들에게 복음을 전하며 또 그들과 함께 더 나은 사회를 만들어 갈 것인지에 대해 나름대로의 방안을 모색하고 제시하는 일이 이 시기의 주요한 관심사였다. 「왜곡된 진리」(Distorted Truth, CUP), 「다원주의와 인식의 지평」(Pluralisms and Horizons), 「신실한 자들과의 대화」(Consulting the Faithful)와 같은 책과 본서 「무례한 기독교」도 이러한 관심에서 쓰인 책이다.

현대는 문화 전쟁 시대라고 할 만큼 각종 문화와 사조가 공존하면서 때로 충돌하고 부침하고 있다. 이 책은 이런 시대 한가운데서 그리스도인이 복음의 진리를 타협하지 않으면서도 다른 신념과 문화를 지닌 사람들에게 그 진리를 잘 전달할 수 있는 방안을 제시한다. 그러나 이 책은 그리스도인이 전해야 할 '무엇'(what)에 대해서보다는 '어떻게'(how) 전달해야 할 것인지에 초점을 맞춘다.

　마우는 그리스도인들이 다른 문화와 종교를 가진 자들에게 복음의 진리를 드러내기 위해서는 무엇보다도 정중하고 친절하며 관용하는 태도, 즉 기독교적 교양과 예절(christian civility)을 갖추어야 한다고 주장한다. 점점 사나워지고 전투적이 되어 가는 사회에서 결코 일상적이지 않은 '비일상적인 정중함'(uncommon decency)을 갖추고 일반 시민들을 대하고 살아가야 함을 강조한다.

　마우는 그리스도인이 다른 신앙, 신념, 가치관을 가진 사람들을 존중하는 태도를 먼저 가져야 한다고 한다. 그러기 위해서는 그들이 갖고 있는 생각, 신앙, 가치관에 귀 기울여야 함을 지적한다. 이 일을 위해 무엇보다도 친절, 정중함, 인내와 같은 덕목이 절실히 요구된다고 말한다. 마우는 이 덕목들이 단순히 윤리적 덕목이 아니라, 신학적 의미를 지닌 덕목이라고 강변한다. 그는 이 덕목은 바울이 성령의 열매로 제시하는 덕목으로서 소위 성령 충만한 신자라면 마땅히 갖추어야 할 덕목이고 거듭난 성도들은 이것을 당연히 형성해 가야 한다고 주장한다.

　마우는 이 책의 마지막 두 장에서 승리하신 주를 섬기는 데 승리주의(triumphalism) 자세는 결코 도움이 되지 않음을 결론적으로 경고한다. 그리스도인들은 오히려 인내하면서 십자가에 못 박힌 겸손한 태도로 그들에게 접근해야 한다고 주장한다. 마우는 죄인들에 대해 오래 참으시고 우리들의 더딘 변화에도 불구하고 인내하며 기다리시는 하나님의 '느림'을 본받아야 한다고 강조한다.

　오늘날 그리스도인들도 우리와 다른 신념, 문화, 사고를 갖고 있는 자들에 인내하면서 기독교적인 예의를 견지하도록 그런 교양과 성품을 함양하는 데 새로운 관심을 갖는 게 필요하다. 마우는 「왜곡된 진리」라는 책을 통해 그리스도인은 현대 사회에서 진리를 왜곡하는 거짓된 지적 체계에 대해 싸워야 한다고 주장하면서도 동시에 이 체계를 따르는 사람들과는 결코 적대 관계를 맺지 말아야 한다고 강조했다. 그리스도인들은 겸손하게 그들과 대화를 유지하는 가운데, 그들이 자신이 갖고 있는 잘못된 신념과 사상 체계가 조장하는 '희망'과 '불안' 속에서 스스로 걸어 나와, 진리를 향하여 발을 옮기도록 해야 한다고 말한다. 마우는 이 책임을 완수하기 위한 방법을 본서에서 제시한다. 친절과 온유와 정중함을 잃지 않는 기독교적 교양과 예의로 접근하는 것이 그것이다.

현재 우리 사회는 동성애, 동거, 이혼과 같은 문제에서부터 새로운 정치, 경제, 교육과 같은 거대 문제들에 이르기까지 세대 간의 견해가 충돌하고 갈등하고 있다. 교회도 진보와 보수 양측으로 나뉘어 각종 사회윤리적인 문제에 이견을 보이면서 종종 서로 등을 돌리거나 비난하기도 한다. 이러한 때에 이 책이 번역된 것은 참으로 다행스러운 일이다. 그 어느 때보다도 현재 한국 교회에는 마우가 요구하는 기독교적 교양이 시급히 요구되고 있기 때문이다. 물론 이 책이 완벽한 것은 아니다. 낙태 문제에 대한 기독교적 교양에 관한 마우의 언급 등과 같은 논란이 될 만한 것들이 있지만, 그럼에도 불구하고 한국 교회가 교양을 갖춘 성숙한 성장을 하기를 바라는 사람이라면 누구나 이 책을 한번 읽어 볼 만하다고 생각한다. 특히 목회자들과 의식 있는 젊은이들에게 일독을 권한다.

신원하(고려신학대학원 교수, 기독교 윤리학)

1. 신념 있는 시민교양[*]
신실한 믿음과 공손함은 양립할 수 있는가?

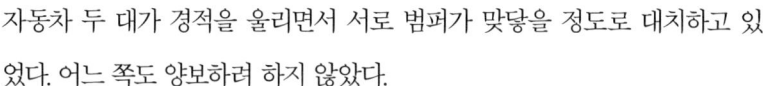

자동차 두 대가 경적을 울리면서 서로 범퍼가 맞닿을 정도로 대치하고 있었다. 어느 쪽도 양보하려 하지 않았다.

그곳은 도심의 좁은 길인데다가 화물 트럭 여러 대가 길가에 겹겹이 주차하고 있어서 더더욱 번잡한 상태였다. 하필이면 그런 장소에서 맞붙은 두 운전사는 서로 물러설 기색이 전혀 없었다. 결국 차 한 대가 앞으로 억지로 나아갔고, 다른 차는 뒤로 밀려나기 시작했다. 밀려난 차의 운전사는 화를 내며 길을 비켰다. 그러고는 황급히 차에서 뛰어내리더니 지나가는 차의 운전사를 향해 온갖 욕설을 퍼붓고 저질스런 몸짓을 해 댔다.

그 거리를 걷고 있던 우리는 멈춰서 그 광경을 보았다. 구경꾼 가운데 있던 한 여인이 다시 발걸음을 떼면서 다음과 같은 신랄한 말을 던졌다. "제기랄, 모든 것이 산산조각 나는 것 같아!"

---

[*] 여기서 civility를 '시민교양'으로 번역했는데, 이는 그 단어가 유교적 의미에서의 개인적인 수양을 뜻하기보다는 시민 사회에서 서로 종교와 신념과 가치관을 달리하는 집단들 간에 서로 존중하는 예의바른 태도를 뜻하기 때문이다. 그런 면에서 이를 '시민적' 혹은 '공적' 예의로 이해하면 될 것이다. 또한 이 단어를 문맥에 따라 '시민교양', '교양', 혹은 '예의'로 번역했다—역주.

인도에 서 있던 그 여인이 1921년에 예이츠(W. B. Yeats)가 쓴 "재림"(The Second Coming)이란 시를 읽은 적이 있는지 모르겠다. 하지만 그녀가 묘사한 그 이미지—"모든 것이 산산조각 나고 있다"—는 예이츠가 사회적 위기감을 표현하며 사용한 것이다.

> 모든 것이 산산조각 나고 있네, 중심을 잃고
> 온 세상이 무질서로 뒤덮인 채
> 핏빛 조수가 밀려들어 도처에 퍼지고
> 순수함을 찬양하던 모습은 익사하고 말았네.
> 선한 자들은 확신을 모두 상실했고,
> 악한 자들은 강렬한 정열로 충만하네.[1]

인간관계의 현실을 우려하는 목소리는 예이츠와 그 여인에게만 국한되지 않는다. 시민교양—일상적인 공손함과 예의—의 상실을 한탄하는 목소리는 오늘날 논설과 기사, 책과 설교 등에서 흔히 접할 수 있다.

나도 그런 우려에 공감하는 사람 중 하나다. 정말 모든 것이 산산조각 나고 있다. 일상적인 예의는 점차 사라지고 있으며, 도전을 받았을 때 사람들은 뒤로 물러서기를 거부한다. 타인에게 작은 공간을 내주는 것조차 분개한다. 가장 중요한 국가적·국제적 문제를 논의할 때도 서로 흥분하기 일쑤다. 법과 의료, 교육과 금융 분야의 전문직은 대중의 신뢰를 잃기 시작했다. 도시와 시골 모두에서 폭력이 증가 일로에 있다. "온 세상이 무질서로 뒤덮이고 있다."

도심지에서 서로 마주쳐 결국 분노를 터뜨린 두 운전사의 만남은 이런 전반적인 현상을 반영하는 일종의 비유다. 거기서 그들은 모두 범퍼에 범퍼를 맞대고 경적을 울리면서 서 있다. 낙태 찬성론자와 반대론자, 동성애 해방론자와 전통적 가정의 수호자, 법원에서 맞서고 있는 남편과 아내, 예술가와 입법자, '정치적으로 올바른' 지식인과 십자군 같은 근본주의자, 동유럽의 인종 집단 분쟁, 아일랜드의 가톨릭교인과 프로테스탄트, 중동의 아랍인과 유대인 간 대립 등.

내가 또한 그리스도인으로서 우려하는 바는 많은 신자들이 문제를 해결하기보다 오히려 문제를 일으키는 데 기여하는 것처럼 보인다는 점이다. 유명한 성직자가 추종자들에게 이제 불신앙의 세력에 대항해 '싸울' 때가 도래했다고 말한다. 텔레비전 카메라는 피켓을 든 그리스도인들이 화가 나서 적에게 주먹을 휘두르는 모습을 보여 준다. 우리는 종종 예이츠가 '강렬한 정열로 충만한' 자로 묘사한 부류가 되곤 한다.

몇 년 전 아버지 조지 부시 대통령이 미국인들에게 '더 친절하고 더 온유한 국민'이 되자고 요청하는 강연을 들었을 때 나는 '아멘!' 하면서 큰 소리로 화답했다. 나는 친절과 온유함이야말로 우리 그리스도인의 특징이 되어야 마땅하다고 생각했다.

우리는 친절하고 온유한 삶을 살도록 창조되었다. 사실 친절과 온유함은 사도 바울이 갈라디아서 5장에서 열거하는 '성령의 열매'에 속하는 것이다. 그리스도인이 친절과 온유함의 표준에 부합하지 못할 때에는 하나님이 뜻하시는 백성이 아닌 셈이다.

시민교양만이 전부는 아니다

그렇다고 시민교양만이 삶의 전부요, 최종 목표라는 말은 아니다. 우리가 좀 더 예의바른 사람이 된다고 해서 모든 문제가 해결되는 것은 아니다. 교양에 어긋나는 감정을 표출하는 것이 적절한 경우도 종종 있다. '강렬한 정열'이 언제나 부당한 것은 아니다. 내가 가진 신념을 무시해야만 좀더 예의바른 사람이 되는 것은 아니다.

한 저널리스트가 도시 문제를 다룬 칼럼에서 이 문제의 정곡을 찔렀다. 그는 미국인들이 도시에서 직면하는 위기는 "시민교양과 진리라는 우리의 기준을 저버리는 위험천만한 현상"[2] 때문이라고 말했다. 그가 진리에 대한 관심의 결여를 언급한 것이 무척 흐뭇하다. 예의바른 태도를 되찾아야 한다고 주장하는 것만으로는 충분하지 않다. 우리가 계발할 예의는 진리에 대한 소신을 품은 예의다.

마틴 마티(Martin Marty)가 말한 것처럼, 오늘날의 문제 중 하나는 예의바른 사람은 종종 강한 신념이 없고, 강한 신념을 가진 사람은 예의가 없다는 점이다.[3] 나는 우리의 문제를 이런 방식으로 표현한 것이 마음에 든다. 그래서 우리는 교양 있는 태도에다가 우리 신념에 대한 '강렬한 정열'을 결합할 길을 모색할 필요가 있는 것이다. 우리에게 주어진 진정한 도전은 **신념 있는 시민교양**(convicted civility)을 계발하는 일이다.

'내적인' 교양

시민교양은 곧 공적인 예의다. 그것은 자신과 다른 사람들을 대할 때 이해심을 품고 기지, 중용, 고상한 태도, 예절을 베푸는 것이다. 하지만 외적인 공손함을 표현하는 것만으로는 충분하지 않다. 교양 있는 태도에는 '내적인' 측면도 있다.

물론 어떤 사람들의 경우에는 예의가 일종의 연기에 불과한 것이 사실이다. 한 친구가 언젠가 부부 관계가 무척 어려웠던 시기에 나에게 이런 애기를 한 적이 있다. "우리는 몇 주에 걸쳐 서로 그저 **예의만** 잃지 않아도 다행이라고 생각하고 있어." 그에게는 예의라는 것이 그리 달가운 것이 아니었다. 그것은 마치 일종의 위선처럼 느껴졌다. 예의바른 태도란 그와 그의 아내가 적대적인 감정을 공손한 말과 마지못해 하는 상호 적응으로 적당히 포장하는 것을 의미했다.

그런데 내 친구만 그런 것이 아니다. 오늘날 많은 이들이 예의를 외적인—종종 위선적인—모습에 불과한 것으로 생각하고 있다. 이처럼 예의에 대한 냉소적인 이해는 진정한 예의가 약해져 가는 현상을 보여 주는 또 다른 표지다. 과거에는 예의가 훨씬 더 풍성한 의미를 가졌다. 예의바른 태도는 사회 전체를 진심으로 배려하는 자세를 뜻했으며, 마음으로부터 동료 시민들을 존중해야 가능한 것이었다. 그것은 중요한 사안과 관련하여 자신과 의견을 달리하는 사람들, 곧 그야말로 자신과 판이한 이들의 안녕을 기꺼이 증진하려는 자세였다. 따라서 예의는 그저 겉으로 공손한 체하는 태도를 지칭하지 않았다. 거기에는 내적인 공손함도 포함되었다.

「주는 나의 피난처」(The Hiding Place, 생명의말씀사)에서 코리 텐 붐(Corrie ten Boom)은 자신과 부친이 나치 몰래 숨겨 주었던 유대인 어머니와 아이를 더 안전한 장소로 옮겨야 했던 상황에 관해 얘기한다. 그때 그 지방의 한 목사가 그들의 가게로 들어왔는데, 그에게 유대인들을 집으로 데려가 줄 수 있느냐고 물었다. 그 목사는 한마디로 거절했다. 그 순간 코리는 충동적으로 뛰어가서 유대인 아기를 안아 데려왔다. 그래도 목사는 흔들리지 않았다. "안 돼요. 절대 안 됩니다" 하고 그가 말했다. "저 유대인 아이 때문에 우리가 목숨을 잃을 수도 있어요."

그 순간 그의 아버지 텐 붐이 앞으로 한 발자국 나오더니 아기를 들어 자기 품에 안았다. 그는 잠시 그 아이의 얼굴을 응시하고는 하얀 턱수염으로 자그마한 뺨을 부볐다. 그러고는 목사를 올려다보며 이렇게 말했다. "당신은 이 아기 때문에 우리가 목숨을 잃을 수도 있다고 말하죠. 나는 그것이 우리 가족이 얻을 수 있는 최대의 영광이라고 생각하오."4)

그것은 시민교양을 보여 주는 아주 훌륭한 모습이었다. 그저 외적인 공손함만 있었더라면 텐 붐 가족이 억압받는 유대인들을 위해 그처럼 위험천만한 수개월을 견뎌낼 수 없었을 것이다. 비록 그들과 판이한 문화적·종교적 정서를 갖고 있었지만, 그들은 하나님이 이웃으로 주신 그 유대인들에게 깊고도 고귀한 내적 헌신을 품고 있었다. 그들의 교양은 결코 '속 빈 강정'이 아니었던 것이다.

인간다움을 꽃피우는 삶

나는 예의바른 태도가 하나님이 본래 의도하신 삶에 근접하는 길이라고 앞에서 말했다. 고대 철학자 아리스토텔레스도 이런 식으로 표현하진 않았겠지만 이에 동의했을 법하다. 그는 인간이 잠재력을 실현하는 데 시민교양이 반드시 필요하다고 확고하게 믿었다. 그런 맥락에서 우리 인간은 본질적으로 '정치적 동물'이라고 주장한 것이다. '정치적'이란 말은 그리스어 단어 '폴리스'(polis)에서 온 것인데 이는 '예의바른'(civil)의 어원에 해당하는 라틴어 '키비타스'(civitas)와 마찬가지로 도시와 관련된 용어다. 아리스토텔레스는 우리가 도시의 시민으로서 역할을 감당할 능력이 없다면 결코 진정한 인간이 될 수 없다고 확신했던 것이다.

좋은 시민이 되려면 편하고 친숙한 연줄에만 기초한 인간관계를 넘어서는 법을 배워야 한다. 우리는 낯선 자들 가운데서 처신하는 법, 예의바르게 사람들을 대하는 법을 배워야 하는데, 그들과 안면이 있어서가 아니라 그들도 우리와 똑같은 인간이라는 단순한 이유로 그렇게 대해야 한다는 말이다. 우리가 시민 정신에 걸맞은 기술을 터득할 때 우리의 인간다움이 활짝 꽃피기 시작한다고 아리스토텔레스는 가르쳤다.

도토리는 그 가지가 자라고 잎이 피기까지는 타고난 잠재력이 실현되지 않는다. 사람도 공적인 영역에서 처신하는 법을 배우기까지는 그 잠재력을 완전히 발휘할 수 없다. 텐 붐 가족이 그 유대인 이웃에게 친절하고 용감하게 대하는 모습을 아리스토텔레스가 보았다면, 그들이야말로 인간이 된다는 것이 무엇을 의미하는지 터득한 사람들이라고 말했을 것이다.

교양과 시민 정신에 대한 이 위대한 그리스 사상가의 견해는 그동안 많은 그리스도인의 가르침 속에 반영되어 왔다. 그 가운데 한 사람인 토마스 아퀴나스는 이 주제에 관한 한 아리스토텔레스의 철학을 성경이 확증하고 있다고 확신했다. 그리고 존 칼빈의 사상도 이와 비슷한 방향으로 전개되었는데, 그는 공적인 삶이 우리에게 "시민적 정의와 부합되게끔 우리의 교양을 정립할" 기회를 제공한다고 말했다.[5]

아리스토텔레스와 아퀴나스 그리고 칼빈이 주장하는 바는 우리가 세상에서 살아가는 방식과 관련하여 심오한 함의를 지니고 있다. 앞에서 언급한 그 여인이 "모든 것이 산산조각 나고 있는" 것 같다고 우려했을 때 바로 그와 유사한 생각을 표명하고 있었던 것이다. 그 비좁은 거리에서 자기가 목격한 무례함이 무엇인가 중요한 것을 위반한 행동임을 알았기 때문이다. 만일 그런 유의 사태가 너무 많이 발생한다면 우리는 결국 인간다움을 상실해 가고 있는 셈이다. **장차** 모든 것이 산산조각 날 수밖에 없으리라.

시민교양을 향한 몸부림

그런데 어떻게 진정 친절하고 온유한 정신을 견지하는 동시에 우리의 강한 신념을 지킬 수 있을까? 이 양자를 모두 유지하는 것이 과연 가능한가?

이에 대한 대답은 가능하다는 것이다. 하지만 그리 쉽지 않다는 말을 덧붙여야겠다. 신념을 수반한 교양은 힘써 노력해야 얻을 수 있는 것이다. 이렇게 애써야 하는 이유는 양자 모두가 매우 중요하기 때문이다. 시민적 교양은 중요하다. 그리고 신념도 마찬가지다.

성경도 신념을 수반한 예의를 견지하는 것이 어렵다고 인정한다. 히브리서 저자는 그런 몸부림을 아주 분명하게 묘사한다. 그는 "모든 사람과 더불어 화평함…을 따르라"고 말하는 동시에 "거룩함…이 없이는 아무도 주를 보지 못하리라"고 한다(히 12:14).

"따르다"라는 이미지는 아주 적절한 것 같다. 시민교양은 사실 붙잡기 어려운 목표다. 우리는 그것을 잡으려고 열심히 따라가야 하고 그런 추적은 끝이 없을 것 같다. 마침내 우리가 그것을 잡았다고 생각할 때면 손아귀에서 다시 빠져나간다. 최근에 등장한 사교(邪敎)와 공존하는 법을 배웠다거나 근래에 공공연하게 모습을 드러낸 성적 '자유분방함'을 관용하는 법을 겨우 알게 되었다고 생각할 때면, 누군가가 또 나타나서 한술 더 뜨는 것을 보게 된다. 그래서 다시 우리 인내심의 한계에 대한 시험을 받는다. 그렇게 해서 추적은 계속 이어지게 된다.

북미 역사에서 그리스도인들의 경험은 시민교양을 좇아가는 기나긴 추구의 역사였다. 북미에 정착한 제1세대가 예의바른 태도를 포기하고 싶은 유혹을 받은 것은 주로 다른 그리스도인들과의 관계에 연루된 것이었다. 회중주의자는 침례교를 관용하는 것이 어려웠고, 로마 가톨릭교인은 장로교인과 성공회 교도와 싸웠다. 세월이 흐르면서 사소한 충돌은 점차 줄어들었다. 개신교인들은 상호간에 그리고 가톨릭교인 및 유대인과 비교적 평화롭게 지내는 법을 배우기 시작했다. 물론 메노나이트파 신도와 퀘이커교도와 같은 '변두리' 종파와의 관계에서도 마찬가지였다.

그런데 그 이후 신흥 종교가 출현하면서 새로운 문제가 등장했다. 모르몬교도는 일부다처제를 시행했다. 셰이커교도(Shakers)를 비롯한 일부 집단은 색다른 유의 공동체 생활을 도입했다. 여호와의 증인은 병든 아이가 수혈받는 것을 허락하지 않았으며, 크리스천 사이언티스트(Christian Scientists)는 아예 의술을 통한 치료 자체를 거부했다.

전통적 그리스도인들은 이와 같은 도전에 대처하는 법도 서서히 알게 되었다. 모르몬교의 일부다처제에 대해서는 관용할 수 있는 한계를 설정했다. 또 일부 집단과는 그냥 공존하기로 결정했다. 그 밖의 집단에 대해서는 각각 실제적인 대응 전략을 마련했다. 예를 들어 여호와의 증인에 대해서는, 어른은 치료받는 것을 거부할지 모르나 어린이가 생명이 위독한 경우에는 일시적으로 주정부 산하 병동에 수용해서 필요한 수혈을 받도록 했다. 한동안 시행착오를 거친 다음 어느 정도 받아들일 만한 조정을 하게 되었고, 종교적 신념과 관행을 달리하는 사람들도 상당한 수준의 국민적 조화를 이루면서 더불어 살 수 있게 되었다.

그런데 최근 20-30년 동안 등장한 새로운 도전들은 우리를 처음의 백지 상태로 되돌아가게 했다. 지금 우리 주변에는 이슬람 모스크가 있고, 뉴에이지 신봉자들이 학교와 사업 영역에서 활동하고 있다. 일부 교수들은 마법과 같은 고대 이방인의 관행으로 되돌아가자고 공공연하게 외치고 있다. 동성애 커플은 교회가 자기들의 '결혼'을 축복해 주기를 원하고 있다. 케이블 텔레비전은 포르노를 우리 안방까지 송신한다.

이런 유의 사태를 볼 때 이제 우리는 더 이상 예의를 지키는 것이 불가능하다고 결론을 내리고 싶은 유혹을 받는다. 사회적 유대 자체가 끊어질 만큼 심각한 위기가 아닌가? 미국의 다양성은 그 한계점에 도달하여 이제 관용과 선의의 분위기에서 서로 더불어 살 수 있는 합리적인 기반을 잃은 것이 아닌가?

그럴지도 모른다. 하지만 나는 한 사람의 그리스도인으로서 아직 모든 것을 포기하고 절망에 빠지고 싶지 않다. 과거를 돌아보면 교회가 신념을 수반한 예의를 계발하는 것이 쉬웠던 시대는 한 번도 없었다. 성경 저자가 처음으로 그리스도인들에게 "모든 사람으로 더불어 화평함을 좇으라"고 권면하던 그 시대의 사회는 오늘날에 못지않게 다문화적이고 다원적인 사회였다. 초기의 그리스도인은 아주 다채로운 종교와 도덕 체계에 둘러싸여 있었다. 그들의 이교도 이웃은 많은 신들을 예배했으며, 때로는 그 예배가 너무나 퇴폐적이어서 오늘날과 같은 허용적인 문화에서도 무척 충격적일 정도였다. 예배 중에 남자가 거세당하는 의식을 행한다면 어떻겠는가? 그리고 초대교회 당시의 지배적인 문화는 기독교 공동체에 대해서 공존공영의 태도를 지향하지 않았다.

우리 신앙의 조상들은 복음에 대한 헌신으로 인해 값비싼 대가를 치러야 했다. 그런 어려운 상황에서도 그들이 온유함과 존경의 태도로 사람들을 대하려고 애썼다면 우리라고 그들보다 덜 노력해도 무방하다 말할 수 있을까?

두 가지 전략

확고한 신념과 시민 정신을 두루 갖춘 사람을 많이 배출하는 데는 두 가지 방법이 있다. 하나는 교양 있는 사람들이 더 확고한 신념을 갖도록 돕는 것이고, 다른 하나는 강한 신념을 가진 사람들이 더욱 교양을 갖추도록 돕는 것이다. 혹은 **둘 다** 하는 것인데, 각각의 전략이 모두 중요하기 때문이다.

전자를 위해서는 일종의 복음 전도가 필요하다. 우리 사회의 '선한' 사람들을 초대해서 그들이 복음을 알고 복음에 대한 강한 확신을 품고 살아갈 수 있도록 하는 것이다. 그런데 그렇게 하려면 우리가 최선을 다해서 제자의 삶이 참으로 매력적인 생활 방식임을 보여 주어야 한다. 이는 또한 우리가 두 번째 전략을 위해 최대한 노력해야 함을 의미한다. 즉 그리스도인으로서 더 온유하고 더 흠모할 만한 인격이 되는 법을 배우는 것이다.

신자가 더 온유하고 더 '관용적인' 사람이 되도록 만들고자 하는 노력이 일부 그리스도인들을 오도할 수도 있음을 나는 인정한다. 하지만 낙태를 자행하는 병원 앞에서 데모를 하고 퇴폐적인 텔레비전 프로그램에 반대해서 시청 거부 운동을 벌이는 열심 있는 사람들은 어떤가? 그런 이들은 시민교양을 쌓게 되면 믿음이 약해질 것이라고 우려할 것이다. 하지만 나는 반드시 그렇게 될 필요는 없다고 확신한다. 신념 있는 시민교양을 계발할 때 우리는 오히려 더 성숙한 그리스도인이 될 수 있다. 시민교양을 갖추면 강한 기독교적 신념이 더욱더 강해질 수 있다는 말이다. 이에 대해 다음 장에서 다루고자 한다.

2. 기독교적 시민교양에 대한 오해

언젠가 어떤 기독교 수련회에서, 내가 주장하는 '신념 있는 시민교양'에 관해 강연한 적이 있다. 내 강연을 듣고 한 여인이 무척 심란한 표정을 지었다. 그룹 토론 시간이 되었을 때 나는 그녀에게 질문을 던졌다. "당신의 표정을 보니까 무척 심란한 것 같군요. 왜 그런지 말씀해 주시겠습니까?"

그녀는 잠시 숨을 가다듬고는 이렇게 대답했다. "제 문제는, 당신의 강연 내용에 대해 지금까지는 무척 공감이 간다는 것입니다. 그런데 이제부터 당신이 어느 방향으로 나아갈 것인가 하는 점이 우려가 되네요!"

그녀의 우려는 정당한 것이었다. 사람들이 그리스도인에게 좀더 교양 있는 태도를 배우라고 격려할 때가 있는데 그런 소리를 들으면 나도 걱정스럽다. 시민교양이라고 하면 많은 것이 연상되는데, 그중 일부는 사실 문제가 있다. 그래서 나는 시민교양에 관해 이야기하기에 앞서 내 의도에서 벗어나는 것을 미리 확실히 밝히고자 한다.

그것은 상대주의가 아니다

최근에 있었던 신학교 교수 모임에서 한 교수는, 자기 학교에서 한 학생이 다른 학생에 대해 내릴 수 있는 가장 치명적인 평가는 바로 '판단하는 자세'를 갖고 있다는 지적이라고 얘기했다. 그는 그런 풍조가 아주 불만이라고 말했다. "이제 더 이상 강의실에서 건전한 논쟁을 할 수 없답니다. 어떤 중요한 논제에 대해 누군가가 자기 입장을 표명하면, 다른 이가 그 사람은 판단하는 자세를 갖고 있다고 말하니까요. 그걸로 끝입니다. 토론 종결인 셈이죠. 모두가 위협감을 느끼고 있답니다!"

다른 많은 교수들이 공감하는 듯이 고개를 끄덕였다. 판단하는 자세에 대한 두려움이 전염병처럼 널리 퍼져 있다는 데 모두 동감하는 것 같았다.

시민교양에 대한 요청은 이런 전염병을 퍼뜨리는 또 다른 방식에 불과한가? 만약 그렇다면 나는 단연코 시민교양을 반대할 것이다. 나는 교양을 갖춘다는 것이 그런 것을 의미한다고 생각하지 않는다.

기독교적 시민교양은 **상대주의적** 관점을 갖도록 만드는 것이 아니다. 교양인이 된다고 해서 우리 주변에 일어나는 현상을 비판해서는 안 된다는 말이 아니다. 다른 사람들이 믿고 행하는 것을 옳다고 **인정하는** 것이 교양 있는 태도는 아니다. 다른 이들이 자신의 신념을 표현할 **권리가 있다고** 주장하는 것과 그들이 그렇게 하는 것이 **옳다고** 주장하는 것은 서로 다르다. 시민교양은 이 가운데 첫 번째 것에 의거해서 살도록 요구한다. 하지만 둘째 원리를 따라야 한다고 요구하지는 않는다. 모든 믿음과 가치관이 동등한 것처럼 대우받아야 마땅하다고 말하는 것은 상대주의를 주장하는 것으로, 이는 기독교 신앙 및 관행과 양립할 수 없는 관점이다.

기독교적 시민교양은 무엇이 선하고 옳은지 판단하기를 거부하는 것을 의미하지 않는다. 우선 판단이라는 행위 자체를 완전히 벗어나는 것은 불가능하다. 누군가에게 판단하는 자세를 갖고 있다고 말하는 것조차 실은 판단하는 행위다!

그리고 우리가 더 이상 타인의 신념과 가치관에 대해 판단하지 않는다고 가정해 보자. 그것이 과연 바람직하다고 생각하는가? 성경은 우리에게 진리와 가치의 문제에 대해 판단력을 사용하라고 종종 권고한다. "악을 선하다 하며 선을 악하다 하는 자들은 화 있을진저"(사 5:20). "영을 다 믿지 말고 오직 영들이 하나님께 속하였나 분별하라"(요일 4:1). 사도 바울은 우리에게 친절과 인내와 온유함을 계발하라고 권면하는데, 바로 그 단락에서 성적 부도덕과 더러움과 술 취함과 같은 "육체의 일"에 대해 단호한 입장을 취하라고 주장하고 있다(갈 5:16-23). 그러므로 그리스도인은 특정한 태도와 행위를 '판단하는' 것을 피할 도리가 없는 것이다.

이와 동시에, 많은 성경 본문이 판단을 반대하는 방향으로 기울어져 있는 것도 사실이다. 예수님이 친히 우리에게 "비판을 받지 아니하려거든 비판하지 말라"(마 7:1)고 말씀하지 않으셨는가? 그리고 우리 주님이 친히 본보기를 통해 그 의미를 보여 주시지 않았는가? 즉 창녀, 세리와 같이 당시에 아주 천대받던 부류를 있는 그대로 받아주심으로써 그렇게 하지 않으셨는가?

이런 질문은 아주 중요한 것이다. 그러나 예수님의 본보기와 성경의 '판단'과 관련된 본문 사이에는 모순이 없다. 예수님이 우리에게 판단하지 말라고 명령하신 두 경우는 모두 특정한 유의 판단 자세에 대해 경고한 것이었다. 마태복음의 경우는 자기 잘못은 신경 쓰지도 않으면서 남을 비판하는 위선적인 인물에 대해 얘기하는 대목이고, 누가복음은 남을 정죄하고 용서하지 않는 자세로 비판하는 자들을 언급한다(마 7:1-5; 눅 6:37-38).

따라서 우리 역시 예수님이 사람들을 있는 그대로 받아주신 그 **정신**에

면밀하게 주의를 기울일 필요가 있다. 오늘날 흔히들 말하는 '용납'과 '인정'은 사실 예수님의 유형과는 아주 다른 것이다. 그분의 본보기나 가르침을 보면, 사람들의 삶을 변화시키려고 노력하지 말라고 말씀하시는 내용은 전혀 찾아볼 수 없다. 어떤 면에서 예수님은 우리가 마약 거래자와 KKK 단원을 있는 그대로 '인정하고' '용납하도록' 기대하실지 모르겠다. 하지만 그렇다고 해서 우리가 마약 거래나 인종 차별 운동을 받아들여야 한다는 뜻은 분명 아니다!

예수님이 창녀와 세리들을 '용납하셨을' 때 그분이 그들의 성적 혹은 경제적 행위를 묵과하신 것은 아니다. 그분은 그들의 불미스러운 행위에도 **불구하고** 그들을 사랑하셨다. 하나님의 신실하고 창조적인 자녀로서 살 수 있는 **잠재력**이 그들에게 있다고 인정하셨던 것이다.

그것이 바로 우리가 다른 사람에게 마땅히 보여야 할 용납의 자세다. 마음을 열고 거리낌 없이 받아주는 것 말이다. 타인이 하는 어떤 행위든 포용하는 상대주의적 태도는 선의를 베푸는 것이 아니다. 그것은 진정한 기독교적 교양이 아니다.

그것은 모든 사람을 좋아하는 것이 아니다

내가 한 친구에게 시민교양에 관한 책을 쓰고 있다고 말하자 그는 주춤하는 반응을 보였다. "아니, 자네가 그런 '기분 좋은' 무리에 합류할 줄은 꿈에도 생각하지 못했네. 우리가 별 거리낌 없이도 어떤 이들을 싫어할 수 있었던 옛날 좋은 시절은 어디로 간 거지?"

나는 지금 모든 사람에 대해 호감을 가져야 한다고 설교하고 있는 것이 아니다. 사람들에게 교양 있게 대한다는 것은 그들을 **좋아해야** 한다는 뜻이 아니다.

　이 글을 쓰고 있는 순간, 문득 내가 무척 좋아하기 어려운 사람이 생각난다. 노력해 본다 해도 그를 좋아하게 될 것 같지 않다는 생각이 본능적으로 든다. 그런데 이런 본능은 죄된 것일 수 있다. 상당한 시간과 노력이 들긴 하겠지만 나는 그를 좋아하는 법을 배울 수 있을지도 모른다. 하지만 시민교양은 이와 다른 문제다. 내가 비록 그를 '좋아한다' 할 만한 감정을 만들어 내지 못했더라도 온유함과 존중의 자세로 그를 대할 수 있다.

　이 문제와 관련하여 나는 평신도 사역 수련회에서 강연을 했던 늙고 무뚝뚝한 아일랜드 출신 가톨릭교인인 한 판사에게서 훌륭한 교훈을 배웠다. 그가 맡은 과제는 그의 기독교 신앙이 법조인인 자신의 삶에 어떤 영향을 주고 있는지 나누는 것이었다.

　강연을 시작할 때만 해도 그는 거의 냉소적으로 보였다. 그의 하루하루는 일상적인 사건과 그리 일상적이지 않은 도심의 범죄 사건으로 가득 차 있고, 복음과 재판의 판결은 그다지 연관성이 없는 것 같다고 고백했다.

　그리고 나서 그는 자기가 겪은 최근의 경험을 얘기해 주었다. 어느 주일 아침 설교에서 교구 신부가 예수님의 눈으로 사물을 보는 것이 중요하다는 얘기를 했다고 한다. 그 신부는 교인들에게 이번 주간에 자기가 처한 상황을 예수님이라면 어떻게 보실지 한번 멈추고 자문해 보라고 권했다.

　며칠 후 빈민가 출신의 한 젊은이가 재판석 앞에 등장했다. 그는 이미 과거에 여러 번 재판석에 나타난 적이 있었다. "나는 상당히 가혹한 선고를 내릴 준비가 되어 있었죠"라고 판사가 말했다. "그때 문득 신부님의 말씀이 생각났습니다. 나는 잠시 멈추고 자문해 보았죠. 예수님이 내 자리에 앉아 계신다면 무엇을 보실까 하고요."

　"그분은 뒷골목 문화에 익숙한 한 젊은이가 상당한 지적 능력과 기술을 이용하여 자기에게 불리한 사회 제도로부터 최대한의 이익을 얻어내려는 것을 보실 것이라고 생각했습니다. 나는 그 젊은이의 눈을 보며 그를 무척 명석하고 재능 있는 사람으로 생각한다고 말했답니다. 그리고 나서 '당신이 더 창의적이고 건설적으로 살 수 있도록 우리가 어떻게 도울 수 있을지 함께 얘기해 봅시다'라고 말했습니다."

"우리는 놀라울 정도로 유익한 대화를 나누었습니다. 글쎄 장기적으로 얼마나 큰 유익을 줄지는 알 수 없지만 이번만은 제가 법정에서 정말 그리스도와 같은 모습으로 재판을 했다고 생각합니다!"

이 판사는 그저 형식적인 '예의'를 갖추고 그 젊은이를 대하는 것 이상의 일을 했다. 그는 실제로 온유함과 존경을 그에게 보여 준 것이었다. 이것이 그가 순식간에 그 젊은이를 좋아하는 법을 배웠다는 것을 의미하는가? 아마 그렇지 않을 것이다. 그를 좋아하는 것이 반드시 필요한 상황이 아니었다.

판사가 한 일은 이 젊은이의 **가치**와 **잠재력**을 성찰하는 것이었다. 그리고 나 또한 이와 같은 태도로 도무지 좋아할 수 없어 보이는 사람을 대할 의무가 있다. 내 비위에 거슬리는 그의 성격에 초점을 맞추지 말고 하나님의 안목으로 그의 가치와 잠재력에 집중하는 것은 내가 얼마든지 선택할 수 있는 일이다.

모든 인간은 가치의 중심이다. 그 가치는 우리에게 항상 뚜렷하게 나타나지 않을 수도 있다. 그래서 우리는 각 인간의 고유한 가치를 성찰하기 위해서 굉장히 노력해야 하는 것이다. 우리 그리스도인은 그 사람이 하나님이 창조하신 존재임을 상기함으로써 그렇게 할 수 있다. 한 예술가 친구가 내가 별로 좋아하지 않는 예술 작품을 만들었다고 할 때, 그럼에도 나는 그 작품에 경의를 표할 수 있다. 그것을 만든 사람에게 그 작품이 지니는 가치를 상기할 때 말이다. 내가 그 예술가를 존경하면 존경할수록 그의 작품에 그만큼 더 경의를 품게 될 것이다.

모든 인간은 예외 없이 하나님의 예술 작품이다. 그분이 우리 각자를 정교하게 만드셨으므로 우리는 모두 '특별한 피조물'이다. 심지어 우리가 하나님을 반역하고 그분의 작품을 망가뜨렸을 때에도 그분은 여전히 우리를 사랑하신다. 마치 예술가가 정성을 들여 만든 작품이 심하게 손상되었을 때에도 그것을 사랑하는 것과 마찬가지다. 내가 하나님의 눈에 비친 상대방의 가치를 상기한다면, 내가 좋아할 수 없는 사람이라도 경의를 품고 대하는 법을 배울 수 있을 것이다.

그리고 또한 나는 사람들이 지닌 현재의 보기 싫은 모습이 아니라 그들의 잠재력에 초점을 맞출 수 있다. 그 판사가 자기 앞에 서 있는 젊은이를 좋아했다고는 볼 수 없지만 그가 **장차** 될 모습을 높이 샀다. 상대방이 지닌 잠재력, 곧 장차 더 나아질 수 있는 역량을 성찰함으로써 우리는 그 사람을 온유하고 존경하는 자세로 대하는 법을 배우게 된다.

그것은 민족주의가 아니다

좁은 길목에서 서로 으르렁거리고 있던 두 운전사의 경우로 다시 돌아가 보자. 그들은 하나님이 상대방에게 주신 잠재력을 생각할 여유가 없었다. 그들의 경우 좀더 교양을 갖춘다는 것은 전혀 낯선 이와 잠깐 마주치는 순간도 상대방에게 친절하고 온유해지는 법을 배우는 것이다.

우리는 이와 같은 시민교양의 공적인 차원을 간과해서는 안 된다. 교양이란 우리가 아는 사람들을 존귀하게 대하는 것 이상이다. 그것은 또한 우리가 함께 영위하는 **공동의 삶**에 관심을 기울이는 일이다. 그것은 가까운 관계를 열심히 가꾸는 일뿐 아니라 시민 사회(*civitas*)에 대한 깊은 관심, 즉 공적인 영역―인도와 고속도로, 축구 경기장과 국립공원, 백화점과 국회―
에서 이루어지는 삶의 모습을 유념하는 것이다.

여기에서도 극단으로 치우치는 것에 대한 우려가 존재한다. 공동의 삶에 대한 관심은 위험한 방향으로 치달을 수 있다. 일부 그리스도인은 공적인 영역에서 진정한 사랑을 보이는 유일한 길은 자기 민족에 대한 뜨겁고 무비판적인 헌신을 배양하는 것이라고 생각한다.

이것은 내가 의미하는 시민교양이 아니다. 시민교양을 갖추기 위해 굉장한 애국자가 될 필요는 없다. 기독교적 관점에서 볼 때 그것은 아주 건전한 모습이라고 할 수 없다.

당신의 민족―당신의 '조국' 혹은 '모국'―을 영예롭게 여기는 자세는 정당한 것이다. 우리가 부모에 대해 효심을 품는 것이 좋은 것과 마찬가지로 애국심을 함양하는 것에는 아주 고상하고 건강한 면이 있다. 이런 감정이 조금 지나치게 표현되더라도 그리 우려할 필요는 없다. 누군가가 어떤 특별한 경우에 자기 부모에게 "두 분은 정말 이 세상에서 가장 멋진 엄마와 아빠예요!"라고 말하는 것을 들었다 해도 나는 별로 개의치 않을 것이다. 애국심을 표현하는 것 역시 마찬가지다. 우리를 시민으로 '태어나게' 한 국가에 대해 열광하는 것이 때로는 바람직할 수 있다.

물론 문제가 되는 것은 우리의 민족주의적 발언이 약간 과장된 감정의 표현에만 그치지 않는 경우다. 만약 어떤 사람이 자기 부모가 **정말** 이 세상에서 가장 멋진 엄마와 아빠임에 틀림없다고 확신한다면 나는 상당히 우려하지 않을 수 없을 것이다. 또 어떤 사람들이 자기 민족에 대해 그런 식으로 생각한다면 그것은 더 크게 우려할 만한 일이다.

'최고의 부모'라는 생각은 타인에게 심각한 위협이 되지는 않는다. 자기 부모가 실제로 다른 모든 부모보다 우월하다고 **믿는** 딸은, 나름대로 자기 부모에게 특별한 애정을 품고 있는 다른 사람을 경멸하듯 깔볼 수 있다. 그러나 그녀의 태도는 그저 간혹 볼 수 있는 유별난 경우에 불과할 뿐, 그 이상 심각한 문제를 야기하지는 않는다.

하지만 어떤 민족이 강렬한 열정을 품고 자기 나라가 세계 최고라는 노래를 부르기 시작할 때에는 훨씬 더 큰 위협을 야기하게 된다. 국가는 그 속성상 종종 다른 나라에 속한 것을 갖고 싶어 한다. 국가에는 군대가 있고, 군대는 무기를 사용한다. 어떤 나라가 자기가 세계에서 최고라고 생각하기 시작한다면 우려하지 않을 수 없다.

그런데 기독교적 관점에서 볼 때, 그런 태도가 낳을 수 있는 결과를 떠나서 그러한 태도 자체가 문제다. 내 조국은 내 무비판적인 충성을 받을 자격이 없다. 어떤 나라도 스스로를 세계 최고의 나라로 생각해서는 안 된다.

민족주의와 과도한 애국심은 일종의 우상 숭배다. 그리고 성경이 분명히 말하는 것은 예수님이 바로 그런 유의 우상 숭배로부터 우리를 자유롭게 하고자 하신다는 점이다. 그리스도인들이 함께 세워 가고 있는 새로운 공동체는 현세에 존재하는 모든 종류의 충성심이 이차적인 자리를 차지하는 공동체다.

이 일 후에 내가 보니, 각 나라와 족속과 백성과 방언에서 아무도 능히 셀 수 없는 큰 무리가 나와 흰옷을 입고 손에 종려 가지를 들고 보좌 앞과 어린 양 앞에 서서 큰 소리로 외쳐 이르되, 구원하심이 보좌에 앉으신 우리 하나님과 어린 양에게 있도다 하니. (계 7:9-10)

그것은 복음 전도 전략이 아니다

대학 시절, 한번은 그레이하운드 버스를 타고 학교로 돌아가는 중이었다. 승객 중에 중년의 남자가 있었는데, 그는 여기저기 자리를 옮겨 다니면서 여러 사람과 조용한 대화를 나누고 있었다. 통로를 지나다니면서 어떤 사람과 슬쩍 우스갯소리를 하다가 상대방이 허락하면 그 옆에 앉아 한동안 얘기를 나누곤 했다.

그러다가 마침내 내 차례가 되었다. 우리는 15분가량 얘기를 나누었는데, 그는 나에게 신상에 관한 질문—가족 관계, 공부, 취미 등—을 여럿 던졌다. 그러더니 대화의 주제가 거의 억지로 종교에 관한 것으로 급선회했다. 내가 기억하기로는, 그는 정오에 내리쬐는 태양의 열기 운운하다가 갑자기 하나님의 아들의 따스한 사랑을 언급하였다.

거의 반사적으로 나는 내가 그리스도인임을 밝혔다. 이어서 터져 나온 그의 신경질적인 반응은 무방비 상태에 있던 나를 당혹스럽게 했다. "진작 그걸 얘기했어야지!" 그러고는 자리에서 일어나더니 통로를 다니면서 또 다른 대화 상대를 물색하기 시작했다.

이런 식으로 전도하는 그레이하운드 전도자가 많지 않았으면 좋겠다. 이런 노골적인 만남은 하나의 본보기를 보여 준다. 즉 이 그리스도인 남자의 '교양'은 하나의 책략에 불과했다는 사실이다. 내 가족 관계, 공부, 취미 등에 관한 그의 질문은 아주 불성실한 것이었다. 아마 그는 타인에게 관심을 표명할 때 전도에 성공할 확률이 높다고 배웠을 법하다. 그래서 그는 본론에 들어가기 전에 15분 동안 나에게 '관심을 표명했던' 것이다. 그러나 나는 그의 손에 놀아났다는 느낌을 지울 수 없었다. 그리고 설사 어떤 비그리스도인이 이 사람의 접근에 대해 기만당했다고 느낀다 해도 부당하지 않다고 생각한다.

그리스도인은 시민교양을 복음 전도를 위한 전략의 일환으로 보지 않도록 조심해야 한다. 나 역시 복음주의자로서 이 점을 지적할 때 오해받지 않도록 조심할 필요가 있다. 나는 사람들이 예수 그리스도를 통한 구원의 좋은 소식, 곧 복음을 영접하기를 바란다. 그래서 나는 복음 전도 사역에 상당히 높은 우선순위를 둔다. 하지만 그렇다고 해서 기독교적 시민교양이 단지 전도의 책략에 불과하다는 의미는 아니다. 즉 사람들이 그리스도인이 되게 할 목적으로 그들을 예의바르게 대해야 한다는 말이 아니라는 뜻이다.

복음 전도는 중요한 활동이다. 사도 베드로는 우리 마음속에 있는 소망을 설명하여 주기를 바라는 사람에게는 언제나 누구에게나 답변할 수 있어야 한다고 말한다. 그런데 그는 즉시 "온유와 두려움으로" 답변하라고 덧붙인다(벧전 3:15-16). 버스에서 그 전도자가 나에게 보인 태도는 온유함이나 두려움(경외)과는 거리가 멀었다고 나는 느꼈다.

시민교양은 그로 말미암는 전도의 열매나 정치적 효과를 떠나서 그 자체로 귀중한 가치가 있다. 남을 존중하고 좀더 온유한 사람이 되는 것 자체가 하나님의 뜻에 합당한 길이다.

이런 주장이 너무 파격적으로 들리는가? 아니 상당히 의문스러운 입장으로 보이는가? 사실 많은 독실한 그리스도인들이 그렇게 느낄 것이라고 생각한다. 타인을 경외하는 것은 그동안 기독교 공동체에서 그다지 중요시하지 않았던 태도다. 이제 다음 장에서는 복음을 진지하게 여기는 사람들을 확신시킬 수 있도록 시민교양을 옹호하고자 한다.

3. 기독교적 시민교양의 변호

과거 역사를 보면 수많은 그리스도인이 십자군과 같아서 시민교양이 전혀 쓸모가 없었다. 대다수의 기독교 집단에서 영웅시되는 인물 중에는 적어도 십자군이 몇 명은 끼여 있게 마련이다.

나는 최근에 그런 인물에 관한 기사를 하나 읽었는데, 그는 나와 함께 칼빈주의 전통에 속한 사람이었다. 종교개혁이 끝난 지 그리 오래되지 않은 시대에 그 사람은 자기 나라 국민이 모두 자기가 옳다고 여기는 방식으로 예배를 드리기를 원했다. 그 문제에 관한 한 그는 어떤 타협도 거부하고 그것을 옹호하기 위해 무기까지 집어 들었다. 결국 그는 체포되어 타협에 응하거나 순교자의 죽음에 처하거나 양자택일을 하도록 요구받았다. 그는 순교의 길을 택했다.

죽는 순간에 그가 한 발언은 예상대로 양보 불가의 입장이었다. 만일 우리가 다른 종교적 관점을 관용하게 되면 다음 두 가지 중 하나로 귀결될 수밖에 없다고 그는 말했다. 즉 진리에 대해 거의 상관하지 않거나 다른 이들의 영생이라는 문제에 대해 별로 우려하지 않거나 둘 중 하나라는 것이다. 이 두 가지는 모두 당치도 않은 태도라고 그는 주장했다.

이런 유의 발언에 대해 나는 양가감정을 느끼게 된다. 나는 그 사람이 관용을 베풀지 않은 것은 잘못이라고 확신한다. 나와 다른 신념을 가진 사람을 관용하는 것이 언어도단이라고 나는 생각하지 않는다. 그러나 한편으로는, 그가 확신한 것 중 일부는 높이 살 만하다. 내가 가진 신학적 신념 가운데 많은 부분이 그의 신념과 비슷하다. 그리고 그의 경우처럼 그런 문제에 대해 확고한 신념을 가지는 것은 좋은 일이다.

이런 사례를 붙들고 씨름하는 것은 그저 상아탑에서 즐기는 한가한 놀이가 아니다. 오늘날에도 이 사람의 영적 유산을 물려받은 후손들이 있다. 이들은 어떤 특정한 예배 방식을 강제로라도 지켜야 한다고 생각하지는 않겠지만, 시민교양을 위한 양보란 무엇이든 아주 위험천만한 발상이라고 우려할 것이다.

이처럼 시민교양을 반대하는 정서를 읽으려면 기독교 라디오 방송이나 텔레비전 프로에 잠시만 주파수를 맞추어도 쉽게 포착할 수 있다.

"우리는 우리 민족의 영혼을 구원하기 위해 싸우는 중이다!"
"거짓과는 어떤 타협도 있을 수 없다!"
"사탄이 좋아하는 단어가 바로 '관용'과 '다원주의' 같은 것이다!"

그런데 시민교양을 반대하는 이들은 소위 '우파'에 속한 사람에 국한되지 않는다. 기독교 '좌파'에서도 그런 이들이 눈에 띈다.

"해방의 적들을 두려워하지 말고 정면으로 도전해야 한다!"
"정의를 위한 투쟁은 너무나 시급한 과제이므로 공손한 태도 따위에 신경을 쓸 겨를이 없다!"

그런 사람들에게 내가 확신 있게 할 수 있는 말이 있겠는가? 그들이 시간을 조금만 내어 시민교양을 변호하기 위해 찾을 수 있는 최상의 성경적 입장에 귀 기울이고자 한다고 가정해 보자. 그러면 어떤 것을 제시할 수 있을까?

공적인 기독교

이 질문에 답하기 위해 먼저 소위 십자군의 관점이 지닌 긍정적인 면을 고찰해 보자. 그러면 몇 가지 기본 사항을 확실히 도출할 수 있을 것이다.

하나님은 공적인 의(義)에 관심을 갖고 계신다. 시민교양을 반대하는 이들에게 유리한 방향으로 생각해 보자. 그들은 하나님을 기쁘시게 하려고 몹시 애를 쓴다. 그리고 하나님이 공적인 영역에서 일어나는 일에 깊은 관심을 갖고 계신다고 확신한다. 바로 이 점에서 제리 폴웰(Jerry Falwell)과 팀 라헤이(Tim LaHaye) 그리고 해방신학자들은 모두 옳다. 그런데 그들이 분명히 잘못 생각하고 있는 점은 하나님이 누구나 자기 나름의 관점을 엄격히 견지하고 있는 사회를 특히 선호하신다고 보는 것이다. 한편 성경의 하나님이 공적인 의에 깊이 관심을 가지신다는 생각은 잘못된 것이 아니다.

유감스럽게도, 일부 그리스도인은 복음을 순전히 개인적인 메시지로 축소시키려고 애써 왔다. 시민교양을 반대하는 많은 이들이 이 점에 대해서는 아주 분명한 입장을 갖고 있다. 복음은 개개인을 위한 좋은 소식임에 틀림없지만 동시에 그 이상의 무엇이라는 것이다. 그것은 사회를 위한 좋은 소식이기도 하다. 아니 온 창조세계를 위한 좋은 소식이다. 아이작 왓츠(Issac Watts)는 유명한 크리스마스 캐럴에서 이 점을 잘 표현했다. 복음의 능력은 "저주가 있는 저 먼 곳에까지" 미치도록 되어 있다고.

왜냐하면 하나님은 그런 저주의 상태를 좋아하시지 않기 때문이다. 정부가 타락하고 사람들이 기만과 신성모독과 거짓을 일삼을 때 그분은 슬퍼하신다. 그분이 예수님을 세상에 보내신 것은 이 모든 것에서 우리를 구원하기 위해서였다. 우리 중에는 이미 인생 여정에서 그런 구원을 체험한 자들이 있다. 그러나 개인적 차원이나 집합적 차원에서 문제가 아직 사라지지 않았음을 우리는 알고 있다. 그래서 우리는 더욱 포괄적인 구원을 갈망하고 있다. 하나님이 모든 것을 바로잡아 주시기를 기대하고 있는 것이다. 왜냐하면 하나님이 그렇게 하시겠다고 약속했기 때문이다.

그리스도인은 하나님의 의(義)의 대리자가 되도록 부름받았다. 앞서 말한 칼빈주의 순교자나 그와 입장을 같이하는 자들은 하나님이 만물을 바로잡겠다고 하신 약속을 인식하고 있을 뿐 아니라, 그러한 의를 이루는 일에 참여할 책임이 우리에게 있음을 올바로 간파했다.

공의에 대한 하나님의 관심을 설명할 때 기독교 집단마다 각기 다른 점을 강조한다. 팻 로버트슨(Pat Robertson)은 아이들이 건강한 가정에서 자라고 공립학교에서 십계명에 바탕을 둔 도덕을 함양하는 질서정연한 사회를 지향한다. '급진적인' 그리스도인들은 화해와 정의 실현으로의 부르심을 강조한다.

사실 이 모든 관심사는 중요한 것이다. 그리고 그것들은 상호 연계되어 있다. 의로운 사회는 인격의 발달을 도모하고 평화와 정의가 지배하는 사회다.

성경의 저자들이 이를 강조하기 위해 종종 사용하는 표현은, 하나님은 '샬롬'(shalom)이 가득 찬 세상을 세우기 원하신다는 것이다. 이 단어는 흔히 '평화'로 번역되지만, 갈등의 부재 이상의 아주 풍부한 의미를 담고 있다. 샬롬이 이루어지면 모든 것이 창조주가 뜻하신 대로 기능하게 된다. 사람들은 기쁘게 하나님의 뜻대로 행하고 아름답게 번창한다. 따라서 그리스도의 제자들은 이런 하나님의 샬롬을 증진시키는 데 참여해야 마땅하다.

우리는 의의 대리자로서 하나님의 표준을 공적인 삶에 적용하고자 애써야 한다. 시민교양에 반대하는 자들은, 자기가 몸담고 있는 사회를 향한 하나님의 뜻을 정확히 알고 있는 것처럼 스스로를 과신하는 경향이 있다. 하지만 하나님의 뜻이 공적인 삶의 문제에도 적용될 수 있다는 그들의 확신 자체는 결코 잘못된 것이 아니다.

공적인 의(義)의 자세한 내용에 관해서는 그리스도인들 간에 의견이 일치하지 않을 수 있다. 평화주의자와 정당한 전쟁론자 모두 평화를 도모하는 데 깊이 헌신되어 있을 수 있다. 자유 시장 제도를 강력히 옹호하는 자도 해방신학자만큼이나 가난한 자와 무력한 자에 대해 깊은 관심을 가지고 있을 수 있다. 성경의 메시지는 무척 풍부하고 복합적인데, 원래 고대 근동 문화를 대상으로 선포된 것이다. 그래서 현대의 삶에 올바로 적용하려면 어느 정도의 노력이 필요하다. 그리스도인들 간의 뜨거운 논쟁은 이데올로기적인 형태만 띠지 않는다면 어려운 문제들을 풀어 가는 데 유용한 방법이 될 수 있다.

그리고 우리는 해결책을 찾다가 절망할 필요가 없다. 우리가 잠정적이고 부분적인 해결안에 어느 정도 만족한다면 더더욱 그러하다. 하나님의 의로움에 대한 일반적인 표준은 아주 분명하다. 이를테면, 하나님이 진리와 성실과 사랑에 깊은 관심을 갖고 계심은 의심할 여지가 없다. 오늘날 우리가 제자로 살아가면서 이런 표준을 여러 이슈에 적용하려 할 때 끝없는 혼란에 빠지게 되는 것은 아니다. 성경을 주의 깊게 연구하고, 우리 양심에 비추어 보고, 다른 사람들과 대화한다면 어떤 전략과 프로그램에 대해 상당한 확신을 품을 수 있다.

하나님의 성품을 본받는 것

시민교양을 반대하는 이들 중에도 이러한 기본 사항에 동의하는 이가 많으리라 생각한다. 하지만 이 수준에서는 자신의 비(非)교양을 치료해 줄 만한 약을 찾을 수 없으리라. 그러면 이 그림에 좀더 온유한 기독교를 어떻게 그려 넣을 수 있을까? 이 질문에 답하려면 기본 사항에 몇 가지 항목을 더 첨가해야 한다.

하나님은 공적인 의에 대해 온유한 관심과 존중하는 자세를 갖고 계신다. 이 주제와 관련하여 하나님의 성품이라는 문제가 아주 중요하다. 그리스도인의 반(反)시민교양론은 하나님의 교양 자체에 대한 무지에 근거한다. 확신 있는 그리스도인 중 많은 이들이 성경에 나온 하나님의 성품 가운데 좀더 가혹한 면을 주로 강조한다. 즉 통치권, 거룩함, 권능, 분노 등과 같은 성품 말이다.

나도 하나님이 이러한 분이라고 믿고 있다. 성경의 하나님을 순하게 '길들일' 생각은 전혀 없다. 하나님은 만물의 통치자시다. 하지만 예수 그리스도 안에서 그분은 종의 모습으로 자기 백성에게 오시는, 그야말로 보기 드문 통치자이심을 분명히 나타내셨다. 하나님은 거룩하신 분이다. 하지만 그분의 거룩함은 우리를 향한 그분의 사랑 안에서 계시되었다. 하나님은 전능하신 분이다. 하지만 그분의 지극히 크신 권능은 십자가의 약함과 취약성 안에서 드러났다. 하나님은 분노의 하나님이시다. 하지만 그분은 또한 "노하기를 더디 하시며, 인자와 진실이 풍성하신" 분이다(시 86:15).

우리는 하나님의 의의 대리자로서 신의 성품을 본받도록 부름받았다. 우리가 공적인 삶에서 제자도를 발휘하려면 하나님의 친절과 온유함을 닮은 성품을 계발해야 한다.

한번은 가톨릭 신학자와 함께 동정녀 마리아에 대해 가벼운 논쟁을 한 적이 있는데, 그는 어렸을 때 들었던 작은 전설 하나를 들려주었다. 한 남자가 어떤 죄를 고백하지 않고 양심에 품은 채 죽었다. 그가 천국 문에 도달했을 때 하나님이 화를 내며 꾸짖으시더니 연옥에 가서 한동안 있으라고 명하셨다. 성모께서 그 대화를 엿들으시고는 하나님이 보시지 않는 틈을 타서 그 남자를 몰래 뒷문으로 천국에 들여보냈다는 것이다.

그 신학자 친구의 논점은 중요한 의미를 담고 있었다. 가톨릭 신학은 종종 하나님을 가혹하고 가차 없는 심판관의 모습으로 그려 왔기 때문에, 마리아가 신의 거룩함에 대한 이해를 '누그러뜨리는' 역할을 담당했던 것이다.

하나님의 행위에 대한 이해를 좀더 부드럽게 바꾸어야 할 사람은 로마 가톨릭교인만이 아니다. 물론 이처럼 왜곡된 신학(내 가톨릭교인 친구는 이 점에 동의한다)에 대한 해결책은 하나님에 대한 우리의 견해를 고치는 것이다. 하나님은 우리가 접근할 수 없는 저 멀리 계신 전제 군주가 아니다. 전통적 영성에 묘사된 마리아의 친절과 온유함은 하나님의 성품에 대한 필수적인 **교정책**이 아니고 오히려 그 성품을 **반영하는** 것이다. 이는 우리가 그 친절하고 온유한 분—자신의 제자에게 "나를 본 자는 아버지를 보았거늘"(요 14:9)이라고 말씀하신—의 구속 사역에서 배우는 중요한 교훈이다.

그리고 우리도 그리스도를 닮도록 부름받았다. 이는 우리 역시 하나님의 친절과 온유함을 반영하도록 부름받았다는 말이다.

공적인 의를 이루려는 우리의 노력은 신중해야 한다. 이는 무척 위험 부담이 따르는 주장이다. 그리스도인에게 신중함을 요구하는 것은 마치 공적인 문제에 대해 상관하지 않아도 된다는 식으로 오해될 소지가 많다. "가난은 항상 우리와 함께 있을 텐데 군이 불의에 대해 신경 쓸 필요가 있겠나?" "적어도 예수님이 재림하시기까지는 편견과 갈등을 결코 없앨 수 없을 거야!" 신중함을 강조하려 하면 이런 소리를 듣기 쉽다. 그러나 지금까지 그리스도인이 공적인 영역에서 종종 보여 준 무례함에 비추어 볼 때 이는 반드시 감수해야 하는 위험 부담이다.

앞에서 언급한 그 칼빈주의 순교자의 발언은 무례한 것이다. 관용은 언어도단이라고 그는 말했다. 어떤 타협도 용납될 수 없다. 우리 다양한 형태의 기독교를 수용하는 자는 진리를 소유한 자고, 나머지 모든 인간은 오류에 빠진 자들이라는 식이다.

우리가 하나님의 경륜 가운데 어디에 있는지를 애써 기억하기만 해도 이런 가혹한 태도를 취하지 않을 수 있다. 그리스도인은 다른 모든 인간과 마찬가지로 유한한 피조물로서 하나님이 샬롬으로 세상을 충만하게 만들기 이전의 시대에 살고 있다. 우리는 그날을 기다리면서 살고 있는 셈이다. 하지만 그저 수동적으로 기다리는 것이 아니고, 그 우주적 드라마가 완결될 때를 기다리면서 능동적으로 행동할 책임을 가진 자들이다. 행동을 하되 현시대에서 우리가 기대할 수 있는 최대치는 그 궁극적인 승리의 징조 내지는 '첫 열매'라는 것을 알면서 하는 것이다.

이것이 의미하는 바는 그리스도인이 관용과 타협을 인정해야 한다는 것이다. 그렇다고 이런 태도를 절대적인 원칙으로 격상시켜야 한다는 말은 아니다. 어떤 그리스도인도 자기에게 닥치는 것이면 무엇이든 그냥 관용하겠다고는 할 수 없는 노릇이다. 또한 타협을 전형적인 생활 방식으로 삼을 수도 없다.

그러나 우리는 '신념 있는 시민교양'을 쌓아 가는 과정에 있는 만큼, 관용을 선호하는 쪽으로 어느 정도 편향성을 가지고 행동할 필요가 있다. 우리와는 다른 신념과 생활 방식을 관용하는 정도에 대해서는 일정한 도덕적 한계를 그어야겠지만, 그런 한계에 너무 조급하게 도달하지 않도록 조심해야 할 것이다. 그리고 그 한계 내에서는 얼마든지 타협이 가능하다.

나는 **타협**이란 단어에 대해 부정적 편견을 갖고 있었는데, 수십 년 전에 그것을 깨끗하게 치료하게 된 계기가 있었다. 당시에 나는 한 '급진적 그리스도인' 강사가 '착취를 일삼는 자본주의 제도'와 타협하려는 그리스도인들을 한참 동안 비판하는 강의를 듣고 있었다. 참된 제자도는 어떤 유의 타협에도 참여하지 않는 것이라고 그는 주장했다.

그런데 잠시 후에 그는 전통적 기독교의 '율법주의'를 비판하기 시작했다. 그는 우리가 죄 많은 세상에서 죄인으로 살고 있는 만큼 '모호함'과 '복잡다단함'에 대해 '융통성'을 발휘할 필요가 있다고 외쳤다. 만약 그가 타협의 성격에 따라 찬성과 반대 여부를 분명히 나누었다면 더 정직한 태도를 지닐 수 있었을 것이라고 나는 생각했다.

그리스도인의 조심스런 태도를 정립하는 데 필요한 일종의 공식을 내가 만들었는데, 그것은 **우리 각자는 하나님이 우리에게 허락하신 상황에서 신실한 태도를 견지하려고 노력하되, 하나님이 우리에게 주신 자원을 활용해야 한다**는 것이다. 이 세상은 이미 모든 면에서 자격을 갖춘 탁월한 메시아의 방문을 받았다. 더 이상의 자칭 메시아는 필요 없다. 우리의 소명은 하나님의 나라를 온전히 완성하는 것이 아니고, 우리가 할 수 있는 방식으로 그 나라의 권능과 현존을 증거하는 것이다.

교회는 우리가 공적인 의를 배우는 일차적인 장(場)이다. 우리 그리스도인이 외부 세계를 향해 의에 관한 메시지를 아무리 외쳐도 우리 자신이 먼저 그런 의를 보여 주지 않는다면 아무 소용이 없다. 그리스도인은 하나님의 은혜로 점점 더 '의로운' 존재가 되어 가고 있는 사람이다. 그리고 이 의로움은 우리가 다만 개인적으로 소유하도록 의도된 어떤 것이 아니다. 그리스도인이 된다는 것은 곧 '의로운' 모습을 갖추어 가고 있는 공동체에 속하는 것을 의미한다.

그러므로 세상을 향한 우리의 메시지가 신뢰를 얻는 것은 우리가 외인들에게 좀더 우리처럼 되라고 초대할 수 있을 때만 가능하다. 물론 이는 무척 교만한 소리로 들릴 것임을 알고 있다. 하지만 우리가 만인에게 권하는 그 의로움을 우리의 공동체를 통해 직접 보여 주지 못한다면 우리의 메시지는 신빙성을 잃을 수밖에 없다.

이와 관련된 다음과 같은 예수님의 말씀은 신약 성경 전체를 관통해서 흐르고 있다. "너희는 세상의 빛이라. 산 위에 있는 동네가 숨겨지지 못할 것이요…이같이 너희 빛이 사람 앞에 비치게 하여, 그들로 너희 착한 행실을 보고 하늘에 계신 너희 아버지께 영광을 돌리게 하라"(마 5:14-16).

시민교양의 범위

어떤 그리스도인도 성경이 '교양'에 관해 이야기하고 있음을 부인하지 못한다. 친절과 온유함을 계발하도록 격려하는 여러 본문들을 결코 무시할 수 없기 때문이다. 그러나 기독교적 교양의 **범위**에 대한 의문은 여전히 남는다.

'범위'의 문제는 그리스도인의 행동 지침에 관한 토의에서 큰 이슈로 제기된다. 이를테면, 성경이 우리에게 가난한 자를 도우라고 하지만 정작 우리가 돌보아야 할 대상은 가난한 **그리스도인**에 국한된다고 주장하는 소리를 들은 적이 있다. 이와 동일한 의문이 친절의 문제에도 제기된다. "오류에게는 권리가 없다"는 말은 기독교 사회 사상사에서 통용되는 오랜 표어다.

우리가 온유함과 경외심을 가지고 대해 줄 만한 사람이 누구인지를 묻는 것은 정당한 질문이다. "그들은 우리의 사랑으로 인해 우리가 그리스도인임을 알게 되리라." 그런데 누구를 향한 사랑인가? 우리가 기독교적 교양을 지켜야 할 한계는 어디인가?

이 '범위'의 문제는 나중에 자세히 다룰 예정이다. 여기서는 몇 가지 핵심적인 성경의 가르침만 살펴볼까 한다.

구약 성경에서 이스라엘은 아주 특별한 국가 공동체가 되도록 부름받았다. 이와 똑같은 소명이 신약 성경에서는 교회에 적용되고 있다. 즉 예수님을 따르는 자들은 "거룩한 나라"(벧전 2:9)처럼 행동하도록 부름받은 것이다. 모든 그리스도인은 이중 국적을 갖고 있다. 아우구스티누스의 유명한 공식에 따르면 우리는 사람의 도시와 하나님의 도시 둘 다에 속해 있는 것이다. 우리는 미국이나 나이지리아, 페루나 태국, 스웨덴이나 한국 등의 국가에 합법적인 국적을 갖고 있겠지만, 동시에 예수 그리스도의 주되심에 최고의 충성을 바치는 범국가적, 다인종적 공동체에 함께 속해 있다. 바로 이 충성심이 우리의 일차적인 '국민적' 정체성을 부여하고 있다. 이것이 가장 심도 깊은 차원에서 우리가 누구인지를 규정짓기도 한다.

그렇다면 우리가 다른 그리스도인을 어떻게 대우해야 하는가 하는 문제는 '국내 정책'에 속하는 이슈라고 볼 수 있다. 다른 한편, 신자가 아닌 사람들과 어떤 관계를 맺을 것인가 하는 것은 '대외 정책'의 문제가 되는 셈이다. 이 대외 정책에 관해서는 성경이 몇 가지 분명한 지침을 주고 있다.

낯선 자에 대한 대우. 구약 성경에 나오는 삶의 양식은 때때로 아주 무례한 모습으로 그려져 있다. 하지만 그런 모습을 넘어서는 많은 내용이 있다. 예를 들면, 이스라엘 백성은 낯선 자들에게 애써 존경을 표하라는 명령을 자주 받았다. 구약에 언급된 '낯선 자'(혹은 '나그네' 혹은 '외국인')는 주로 다른 인종적·종교적 집단에서 온 사람을 지칭했다. 이스라엘 사람들은 자주 그런 자를 접하곤 했는데, 그 땅을 거쳐 가는 여행객이나 아예 거기서 거주하는 외국인 체류자가 그런 부류에 속했다.

이런 낯선 자들은 마땅히 친절하고 사려 깊은 대우를 받아야 한다고 하나님은 말씀하셨다. 레위기 19장은 이 점을 아주 분명하게 천명한다. 낯선 자에게 해를 입히지 말라. 그들을 본토인처럼 대우하라. 그들을 너희 몸과 같이 사랑하라. 그리고 이스라엘 백성이 그 핵심을 놓치지 않게 하려고 하나님은 그들이 그런 입장에 처했던 과거를 상기시키셨다. "너희도 애굽 땅에서 거류민이 되었었느니라"(34절).

이것은 아리스토텔레스의 주장, 즉 우리가 공적 영역에서 시민답게 행동하는 법을 배울 때에야 비로소 온전한 인간이 된다는 것을 보여 주는 성경의 본보기다. 우리가 나그네를 존중할 때에는 친척을 비롯한 가까운 유대 관계를 넘어서는 셈이다.

여기에 인종적·종족적·종교적 적대감으로 인해 갈기갈기 찢어진 현대 세계를 위한 중요한 교훈이 있다. 하나님이 우리에게 요구하시는 것은 인간이라는 이유 하나로 타인을 존중하라는 것이다. 그리스도인과 무슬림, 아프리카계 미국인과 유대인 혈통의 미국인, 이성애자와 동성애자, 부자와 가난한 자, 이 모두가 하나님의 형상을 좇아 창조되었다. 우리가 나그네의 존엄성을 인정할 때 하나님의 형상을 존귀하게 대하는 셈이다.

도시의 평안. 이스라엘 자손이 바벨론에 포로로 잡혀갔을 때 시민교양과 관련하여 심각한 문제에 봉착하였다. 오랜 세월 그들은 자기 땅에서 낯익은 통치자와 제도하에 살았었다. 그들은 삶의 모든 영역에 걸쳐 하나님의 뜻에 순종하기로(적어도 공식적으로는!) 헌신한 백성이라는 면에서 하나였다.

그런데 이제는 온통 이방 문화에 둘러싸여 전혀 낯선 환경에 처한 나그네 신세가 되었다. 시편 137편은 그들의 가슴에 사무치는 애절함을 표현하고 있다. "우리가 이방 땅에서 어찌 여호와의 노래를 부를까"(4절). 그들의 의문에 대해 하나님은 선지자 예레미야를 통해 응답하셨다. 선지자는 백성들이 그 땅에 정착해서 장기간 거주해야 한다고 일러 주었다. 즉 집을 짓고, 곡식과 열매도 수확하고, 결혼도 하고 자식도 낳으라는 것이다. "너희가 거기에서 번성하고 줄어들지 아니하게 하라"(렘 29:4-6). 그리고 매우 중요한 '정책 요강'이 덧붙여졌다. "너희는 내가 사로잡혀 가게 한 그 성읍의 평안을 구하고, 그를 위하여 여호와께 기도하라. 이는 그 성읍이 평안함으로 너희도 평안할 것임이라"(7절).

이것은 시민교양으로의 부르심이다. 하나님이 이스라엘 사람들에게―그리고 우리에게― 주시는 말씀은 무관심이나 적대감으로 우리의 이방인 이웃을 대해서는 안 된다는 것이다. 우리는 그들의 평안을 위해 힘써야 한다. 사실 타인의 안녕을 위해 애씀으로써 우리는 자신의 평안을 얻을 수 있게 된다.

그리스도를 닮은 연민의 마음. 일견 예수님의 성육신적 사역은 우리의 시민 생활에 적실성이 별로 없어 보인다. 그래서 우리는 기독교 공동체의 공적 행위에 지침을 제공할 만한 중요한 원천을 무시하고 말았다. 낯선 자를 향한 친절과 사회의 평안에 대한 관심을 촉구하는 구약의 사상은 예수님의 사역에서 구체적으로 가시화되었다.

이 점이 더욱 강하게 다가온 것은 어느 날 오후 내 잠재의식이 아주 장시간 활동하고 있을 때였다. 나는 차를 운전하여 공항으로 가고 있었는데 기독교와 정치라는 주제로 강연을 하러 가는 길이었다. 나는 강연의 개요를 머릿속에서 훑으며 나지막하게 콧노래를 흥얼거리기 시작했다. 그 순간 그 가락이 젊은 시절 이후 오랫동안 부르지 않았던 한 노래의 후렴임을 알게 되었다. 그래서 이제는 가사를 부르기 시작했다.

예수 닮기 원하네, 이것이 내 노래일세.

가정에서 그리고 군중 속에서,
온종일 내내 예수 닮기 원하네.
정말 예수를 닮기 원하네.

이전에는 그리스도인의 공적인 부르심을 그런 식으로 생각해 본 적이 없었다. 즉 '군중 속에서' 그리스도와 같은 모습으로 행하는 것 말이다. 그리고 예수님이 공적인 장소에서 어떻게 행하셨는지를 훑어보니 친절과 온유함으로 일관되어 있었음을 알게 되었다.

복음서의 기사들을 따라가면서 '군중'(무리)이 언급된 곳을 모두 찾아 유심히 관찰해 보는 것은 무척 흥미로운 공부다. 예수님이 많은 무리가 모인 곳에서 자기를 향해 소리치는 외견상 하찮게 보이는 사람 개개인에게 각별한 관심을 보이심으로써 사람들을 놀라게 하곤 하셨음을 알게 될 것이다.

그런데 사실 예수님은 소위 군중에게도 사랑의 관심을 보이셨다. 내가 좋아하는 예는 마태복음 9장 끝에 나오는 감동적인 대목이다. 이 장에서 예수님은 이미 여러 개인에게 상당한 관심을 표시했다. 중풍병자를 고치셨고, 멸시받던 세리를 자기 제자로 부르셨고, 눈먼 사람 둘을 고치셨고, 귀신 들린 자를 해방시키셨다. 그 모든 것이 끝난 다음 엄청난 무리가 자기를 기다리고 있음을 보셨다. "무리를 보시고 불쌍히 여기시니, 이는 그들이 목자 없는 양과 같이 고생하며 기진함이라"(마 9:36).

이 짧은 문장에는 많은 의미가 담겨 있다. 이스라엘 백성은 옛적부터 "목자같이 양 떼를 먹이시며 어린 양을 그 팔로 모아 품에 안으시며, 젖 먹이는 암컷들을 온순히 인도하실" 통치자를 고대해 왔다(사 40:11). 예수님은 그처럼 깊은 열망의 성취다. 그분은 군중을 향해 목자 같은 연민을 보이심으로 개인적인 구원자 이상의 존재임을 나타내 보이셨다. 그분은 우리의 공적 영역의 치료자이기도 한 것이다.

그렇다고 해서 우리 그리스도인이 정치적 목자의 역할을 담당해서 우리 사회에서 혼란에 빠진 '양들'을 구원해야 한다는 말은 아니다. 그런 시도는 무척 교만한 행위인데, 우리 역시 목자의 온유한 보살핌이 필요한 양들이기 때문이다. 하지만 오늘날의 사회에서 우리도 그리스도를 본받아 그분의 연민을 보여 줄 방법을 성찰하는 것은 가능한데, '군중 속에서' 예수님을 닮는 것을 내용으로 하는 다음의 찬송에서 그것을 들여다볼 수 있다.

많은 군중이 오가는 길목에서
인종과 부족의 외침이 들리는 곳에서
이기적인 분쟁의 시끄러운 소음을 넘어서
우리는 당신의 목소리를 듣습니다. 오, 인자 되신 분이여.

비참함과 부족함으로 찌들은 곳에서
두려움으로 캄캄해진 그늘진 문턱에서
탐욕의 미끼를 감춘 길목에서
우리는 당신의 눈물을 발견합니다.

그리스도인과 '모든 사람' 신약의 서신들은 로마 제국 곳곳에 살고 있던 그리스도인을 대상으로 기록된 것이다. 그 신자들이 품고 있던 의문은 바벨론에서 포로 생활을 하던 구약의 유대인들의 의문과 비슷했다. 우리가 이방인에게 둘러싸여 있다는 이 현실을 어떻게 감당해야 하는가? 우리와 공통분모가 거의 없는 사람들, 아니 때때로 우리에게 노골적으로 적대감을 표시하는 자들에 대해 어떻게 행해야 하는가?

사도의 위치에 있었던 선생들은 이런 질문을 진지하게 여겼다. 그들은 그리스도인이 '모든 사람'과 '만인'을 어떻게 대우해야 하는지 거듭해서 가르침을 주었다. 이 문제에 대한 사도 바울의 교훈은 다음과 같다. "할 수 있거든 너희로서는 모든 사람과 더불어 화목하라"(롬 12:18). 그리고 바울의 동료였던 디도는 그리스도인들에게 이렇게 조언했다. "아무도 비방하지 말며 다투지 말며 관용하며 범사에 온유함을 모든 사람에게 나타낼 것을 기억하게 하라"(딛 3:2).

불신자와 맺는 관계는 베드로의 편지에서도 중요한 비중을 차지한다. 그는 한 군데에서 아주 간단하고 단도직입적인 지침을 주었다. "뭇 사람을 공경하라"(벧전 2:17). 여기서 '공경한다'는 말은 누군가의 평안을 적극적으로 고려한다는 뜻이다. 그것은 그저 사람들이 요구하는 것을 준다든가 그들이 듣고 싶어 하는 것만 말한다는 의미가 아니다. 베드로는 신념이 결여된 교양을 제시하고 있는 것이 아니다. 반면에 그가 경고하는 바는 우리가 우리의 신념을 대놓고 표명할 때에라도 올바른 정신으로 해야 한다는 것이다. "너희 속에 있는 소망에 관한 이유를 묻는 자에게는 대답할 것을 항상 준비하되 온유와 두려움으로 하고"(벧전 3:15). 이것이 바로 시민교양의 모든 것이다. 즉 다른 사람을 존경하되—심지어 우리가 싫어하는 신념을 품고 행동거지가 못마땅한 자라 하더라도—온유함과 두려움을 품은 자세로 그렇게 하는 것이다.

다시 한 번, 예수님의 본보기가 이 점을 아주 뚜렷하게 보여 준다. 그분이 다른 사람을 대우한 모습만 그런 것이 아니다. 그분이 우리 자신을 대하는 방식도 생각해 볼 필요가 있다. 어떤 오래된 복음성가 가사에서는 예수님이 회개하라고 우리를 부르실 때 '부드럽고 온유하게' 부르시는 분으로 나타난다. 그런 체험이 우리에게 가장 중요한 교양의 모델을 제공한다.

예수님은 우리가 사랑스럽지 못할 때에도 우리를 사랑하신다. 선한 목자이신 그분은 마음대로 제 길을 가는 자기 양을 인내심을 품고 열심히 찾으셨다. 우리는 우리의 이해력을 뛰어넘는 신적인 온유함과 경외심의 대상이 되는 영광을 누린 셈이다. 우리 자신이 이런 온유함을 맛본 이상 시민교양에 어찌 관심을 기울이지 않을 수 있겠는가?

4. 하나님의 임재 가운데 말하기
교양을 갖춘 언어생활의 중요성

무례한 말투에 대해 내가 알아야 할 모든 것은 5학년 때 배운 것 같다.

내가 뉴저지 시에 있던 네덜란드 칼빈주의 계통의 조그마한 초등학교에 다닐 때의 일이다. 나는 수업이 시작되기 직전에 다른 아이들과 놀고 있었고, 흑인 아이들 몇 명이 공립학교로 가는 길에 우리 곁을 지나가게 되었다. 그런데 패싸움이 벌어져서 이내 서로 욕설을 퍼붓기 시작했다. 그러던 중 흑인 아이 하나가 돌을 던져 내 머리에 상처를 입혔다. 나는 화가 폭발해서 (흑인에게 가장 치욕적인) 'N' 욕설('니그로'를 가리킨다-역주)을 퍼부은 다음 학교 안으로 도망쳤다.

그때는 1950년대 초였는데, 당시만 해도 사람들은 시민권에 대해 별로 생각하지 않았다. 그런데 돌을 던진 그 아이는 시비를 가릴 필요가 있다고 느꼈던 것 같다. 그래서 곧바로 우리 학교로 들어오더니 내가 한 말을 교장 선생님께 말씀드렸다.

나는 곧 교장실로 불려가서 교장 선생님과 대면하게 되었다. 딕스트라 교장 선생님은 자기가 나에게 얼마나 실망했는지 말씀하셨다. 나는 울기 시작했다. "하지만 그 애가 제게 돌을 던졌단 말이에요! 그걸로 저를 **쳤어요!**"

교장 선생님의 반응은 친절하면서도 강경했다. "그래, 그 아이가 나쁜 짓을 저질렀어. 네가 다쳐서 마음이 아프구나. 그런데 리처드야, 네가 한 행동은 그보다 훨씬 못된 짓이야. 그는 네 몸에 해를 입히려 했다. 하지만 너는 그 아이의 영혼에 해를 입히려 했어. 하나님은 그 애가 너한테 한 것보다 네가 그 애에게 한 일 때문에 더욱 슬퍼하실 거다."

교장 선생님이 선호하는 벌은 '반성문'을 쓰게 하는 것이었다. "다시는 교실에서 껌을 씹지 않겠습니다"와 같이 선생님이 주신 결의문을 50번 내지 100번 쓰는 것이다. 사건이 좀 심각한 경우에는 문제아가 결의문을 다 쓴 다음 부모의 서명을 받아야 했다.

내가 'N' 욕설을 한 데 대해서 쓴 반성문은, 리버사이드 기독교 학교 역사상 가장 긴 것이었다. 나는 십계명을 100번 쓰고 부모님의 서명을 받아와야 했던 것이다.

나는 5학년생으로서 불명예스러운 '반성문' 쓰기의 기록을 남겼는데 결코 달갑지 않은 전과였다. 그런데 나는 그때 이미 교장 선생님이 그런 벌칙을 주실 때 확고한 신학적 기반을 갖고 계시다는 생각을 어렴풋이 가지고 있었다. 그리고 세월이 지날수록 그분의 영적 통찰력을 더더욱 절감하게 되었다.

그 흑인 아이에게 모멸적인 욕을 퍼부은 것은 사실 하나님의 법을 위반하는 행위였다. 나는 이웃에게 불리한 거짓 증언을 하고 있었다. 나는 진실하지 못했다. 그런데 하나님은 진실함을 아주 중요하게 여기는 분이다.

귀담아 들으시는 하나님

교양 있는 사람은 언어를 조심스럽게 사용한다. 우리는 자기가 하는 말에 책임을 져야 한다.

부모는 때때로 자식들에게 '품위 있는 자리'에서는 사용하지 말아야 할 언사에 대해 가르친다. 그런데 우리 그리스도인은 언제나 '품위 있는 자리'에 거하는 자들이다. 우리는 하나님의 임재 가운데 살고 있기 때문이다. 어떤 말도 하나님의 귓전을 지나칠 수 없다. 그리스도인이 "나는 누군가가 듣고 있는지 몰랐어요"라는 말로 변명할 수 없는 법이다. 하나님은 언제나 귀담아 듣고 계시며, 어떤 언사는 하나님께 너무나 거슬리므로 결코 입에 담아서는 안 된다.

인종 차별적 언어가 그런 범주에 속한다. 모든 인간은 하나님의 작품이다. 각 사람은 매우 귀중한 하나님의 예술 작품이다. 예술가의 귓전에서 그가 만든 작품을 깔보는 것은 잔인한 행위임에 틀림없다. 하나님이 듣고 계시는데 그분의 가장 귀한 작품 하나를 깎아내리는 것은 예술가이신 하나님을 대놓고 욕하는 것과 같다.

앞서 말했듯이, 내가 그 아프리카계 미국인 학생에게 'N' 욕설을 퍼부은 것은 이웃에게 불리한 거짓 증언을 함으로써 하나님의 법을 위반하는 것이었다. 그런데 나는 그 계명만 어긴 것이 아니었다. 교장 선생님은 그것을 알고 계셨기에 내게 십계명 전체를 반복해서 쓰는 벌을 주셨다. 그분은 충실한 칼빈주의자였으므로 하이델베르크 교리 문답을 잘 알고 계셨는데, 그것에 따르면 "너희는 살인하지 말라"는 계명은 단지 "생각으로만" 혹은 "말이나 몸짓으로만" "내 이웃을 모욕하거나 미워하거나 상처를 주거나 죽이는" 것도 잘못이라는 뜻이다. 그리고 나는 적어도 한 가지 다른 계명을 어겼는데, 그것은 도둑질하지 말라는 계명이다. 내가 그 끔찍한 말을 사용한 것 자체가, 타인에게서 하나님이 주신 존엄성을 훔치려 한 언동이기 때문이다.

바른 언어 습관 기르기

하나님은 우리가 하는 말을 **언제나** 귀담아 들으신다. 이런 생각을 하면 무척 위축될 수도 있다. 그래서 자칫 그릇된 말을 하기보다는 차라리 말을 별로 안 하는 것이 최선인 것처럼 보일 수도 있다.

그러나 나는 그렇게 하라고 부추길 생각이 없다. 우리가 말에 대해 염려하며 줄곧 불안에 휩싸여 사는 것이 하나님의 뜻은 아니다. 하지만 바른 언어 습관을 기르기 위해 어느 정도의 시간을 투자하는 것은 좋은 일이다.

이런 예를 들 수 있겠다. 파티 에티켓에 능숙한 사람은 자기 동작 하나하나에 크게 신경 쓰지 않는다. 그런 사람은 이미 적당한 민감함을 기른 상태다. 그렇기 때문에 자유로이 음식을 즐길 수 있는 것이다.

우리도 이와 비슷한 훈련이 필요하다. 교회 역사를 보면 오랜 세월 동안 많은 그리스도인이 잔인할 정도로 무자비한 언사를 일삼았음을 알 수 있다. 어떤 경우에는 무례하게 말하는 것을 기독교의 미덕으로 착각한 적도 있었다. 따라서 우리 중에는 공적인 영역에 예의바른 자세로 참여하려면 먼저 잘못된 언행을 고쳐야 할 이들도 있을 것이다.

다시 말하건대, 그렇다고 우리가 말을 할 때마다 줄곧 신경을 곤두세워야 한다는 뜻은 아니다. 중요한 것은 좋은 습관을 기르는 것이다. 그리고 적어도 언행의 경우에는 우리의 습관과 사물을 보는 관점이 긴밀하게 연결되어 있다.

만일 내가 그 흑인 아이에게 내뱉었던 'N' 욕설 자체에만 신경을 썼더라면 나는 인종 차별의 문제를 해결하지 못했을 것이다. 내 언어 사용 문제는 내가 해결해야 할 더 깊은 문제, 즉 다른 집단에 속한 사람들을 어떻게 보느냐의 문제에 뿌리박혀 있었다. 교장 선생님이 내게 내린 벌로 보건대 그분은 그 근본적인 문제를 분명하게 파악하고 계셨음이 틀림없다.

우리는 우리가 다른 사람들을 어떻게 보는지, 우리 주변에는 중요한 사안에 대해 우리와 판이한 의견을 가진 사람들이 있다는 사실을 어떻게 받아들이는지 스스로 생각해 볼 필요가 있다. 우리 아이들이 사귀는 친구가 이상한 신들을 섬기는 가정의 자녀들이다. 우리 곁에서 일하는 동료가 낙태와 섹스와 부에 대해 우리와 전혀 다른 견해를 갖고 있다. 우리는 음식점과 공항에서 우리 감각에 지극히 거슬리는 충격적인 생활 방식을 목격하곤 한다. 이 모든 문제를 어떻게 다룰지 주의 깊게 생각해 보는 것은 좋은 언어 습관을 기르는 작업의 중요한 부분이다.

분노의 수사학

1970년대 중반 야세르 아라파트(Yasir Arafat)가 유엔을 방문했을 때 유엔 총회에서는 아주 격렬한 분노의 발언이 오갔다. 이스라엘 사람들은 팔레스타인 해방 기구(PLO)를 "살인자들"이요 "갱 집단"이라고 비난했다. 아라파트의 옹호자들은 이스라엘의 "시온주의 이데올로기"가 "나치즘의 새로운 면모"를 드러내고 있다고 맞섰다.

아라파트의 방문 직후에 발간된 한 기사에서 두 명의 노련한 유엔 전문가들이 이런 수사들을 주고받는 것이 유엔에서의 논쟁을 형편없는 수준으로 끌어내렸다고 혹평했다. 사실 그 언어들이 어찌나 해로운지 그 피해가 과연 회복될 수 있을지조차 의심스럽다고 논평했다.

장차 어떤 계기가 있어서 PLO와 이스라엘이 서로 대화를 하게 된다 하더라도 그처럼 모욕적인 악담으로 인해 배태된 의심과 증오를 극복하는 것은 무척 어려울 것이다. PLO는 자기들을 어린이를 죽이는 겁쟁이 살인자 집단이라고 묘사한 이들을 과연 용서할 수 있을까? 그리고 히틀러의 희생자의 후손인 이스라엘은 자기들을 나치로 묘사한 자들과 평화를 이야기할 수 있을까?[1]

한동안 유엔 총회를 집단 감수성 훈련 센터로 전환시키는 것도 생각해 봄직하다. "내가 생각하기에 당신이 말하는 내용이 이런 것 같은데" 혹은 "지금 내가 이런 위협을 느끼고 있는데"라는 식의 발언이 국제적인 토론에서 공식적 언어로 채택된다면, 속 깊은 불만이 제대로 표출되어 서로 심각하게 소원해지기보다는 오히려 치유가 일어날지도 모른다.

나는 기독교 교회가 이와 같은 조직 차원의 치유에 대한 지침을 어느 정도 마련해 주기를 바라는 마음이다. 사실 우리는 모델 공동체가 되어, 다양한 개인과 집단이 하나님의 뜻을 좇아 어떻게 조화롭게 공존할 수 있는지를 타인에게 보여 주어야 할 책임이 있지 않은가?

그런데 유감스럽게도 현실은 그와 다른 경우가 많다. 유엔에서 오가는 비난의 수사학이 그리스도인들 간에 일어나는 논쟁의 어조와 그리 다르지 않다. 17세기에 청교도와 퀘이커교도 간에 일어난 거센 논쟁이 하나의 본보기다. 위대한 청교도 설교자였던 리처드 박스터(Richard Baxter)는 한 팸플릿에서 퀘이커교도를 "술주정뱅이, 욕쟁이, 호색가, 음탕한 자들" 및 여타 "비참한 피조물들"과 도매금으로 취급했다. 그러고 나서 그들을 아직도 충분히 모욕하지 못했다는 듯이, 그는 퀘이커교도가 "교황 절대주의자"보다 나을 것이 없다고 주장했다.

퀘이커교의 지도자였던 제임스 네일러(James Naylor)는 자기가 "예수 그리스도의 영"에 이끌려 어쩔 수 없이 그런 혹독한 비난에 반응하지 않을 수 없다고 선언했다. 이어서 그는 그의 청교도 대적을 "뱀"이자 "거짓말쟁이"요,

"마귀의 자식", "저주받은 위선자", "멍청한 개망나니"라고 묘사했다.[2]

이것은 보통 심한 욕이 아니다. 특히 애석한 것은 흔히 이런 식의 분노에 찬 발언이 진짜 문제에 접근하는 것을 방해하곤 한다는 점이다. 청교도와 퀘이커교도 간의 논쟁은 사실 흥미롭고 유익한 측면을 가지고 있었다. 양자 모두 진지한 성경 해석에 관여하고 있었기에, 만일 그 무거운 수사학만 없었다면 그 토론이 각자 중요한 토론거리를 가진 그리스도인 간의 우정 어린 논쟁이 될 수 있었을 것이다. 하지만 그 어느 편이든 상대방이 하는 발언에서 유익한 요소를 제대로 들었을지 의심스럽다. 분노의 수사학이 너무나 팽배해 있었기 때문이다.

이스라엘과 PLO의 논쟁에서는 양편 모두 아주 중요한 문제를 제기하고 있는데 결코 쉽게 해결되기 어려운 이슈들이다. 이는 인종과 민족, 종교적 다원주의, 국경 등과 관련된 문제들이다. 그런데 대화 구도를 그처럼 극단적으로 밀고 간 나머지 이런 중요한 문제들을 토론하는 것조차 심히 어렵게 되어 버렸다.

오해의 소지가 없기를 바란다. 나는 지금 서로 의사소통을 하는 법만 잘 배우면 모든 문제가 완전히 사라질 것이라는 순진한 낙관론을 주장하는 것이 아니다. 강한 신념을 중요시한다는 의미는 우리가 직면하는 심각한 이견을 그저 낭만적으로 무마하기를 거부하는 것이다. 어떤 경우에 우리는 상대방이 하고자 하는 말을 더 잘 이해하고 나면 그들의 관점이 애초에 우리가 생각했던 것보다 더 형편없다는 것을 알게 된다.

하지만 그것이 노력을 하지 말아야 할 정당한 이유는 될 수 없다. 할 말과 행동을 다 한 다음에도 서로 의견이 다르다면, 적어도 우리의 불일치가 정직한 결론임을 알게 될 것이다.

십자군

그럼에도 일부 그리스도인은 정직한 이해에 대한 요청에도 전혀 흔들리지 않는다. 그들은 자신이 반대자들의 의견에 대해 공평한 자세를 취하는지 여부에 신경을 쓰지 않는다.

이런 태도는 종종 십자군식 의식 구조와 긴밀하게 연계되어 있다. 십자군은 자기들의 대의명분이 너무나 중요하기 때문에 무슨 수단을 써서라도 반드시 이겨야 한다고 생각하는 자들이다. 우리 중 많은 이들이 군사적인 충돌과 관련하여 '정당한 전쟁론'을 지지하는데, 이 경우 가장 까다로운 논쟁의 대상이 바로 십자군이다.

그런 경우는 돌발적으로 발생할 수 있다. 당신은 아마 전쟁과 관련된 고전적인 도덕적 논쟁이, 폭력을 사용하는 것은 무조건 옳지 않다고 생각하는 자들(평화주의자)과 폭력이 때로는 문제를 해결하기 위해 허용될 수 있는 수단이라고 생각하는 자들(정당한 전쟁의 옹호자) 사이에 일어난다고 생각할 것이다. 물론 그것이 하나의 중요한 논쟁인 것은 사실이다. 그런데 존 하워드 요더(John Howard Yoder)가 지적했듯이, 평화주의자와 정당한 전쟁론자 간의 논쟁은 적어도 폭력의 사용이 일정한 도덕적 제약 아래 있다고 믿는 자들 사이에 일어난 것이다. 이 둘은 십자군식의 관점, 곧 군사적 충돌이 있을 때에는 어떤 방식이든 허용된다[3]는 주장에 직면하면 같은 편이 된다.

십자군식 의식 구조는 군사적인 행동에만 국한되지 않는다. 많은 그리스도인이 영적인 십자군 의식을 갖고 있다. 그들은 다른 사람과 신학적·도덕적 논쟁을 할 때 어떤 수단이든 허용된다는 식으로 접근한다. 그들은 논적의 주장을 주의 깊게 들으려 하지 않고, 전술을 택할 때는 어떤 수단도 마다하지 않는다.

낙태 논쟁이 좋은 사례인 것 같다. 나는 낙태가 인간의 생명을 앗아 가는 행동인 만큼 언제나 유감스러운 관행이라고 생각한다. 하지만 모든 낙태를 살인이라고 주장하는 낙태 반대론에는 동의하지 않는다.

살인이라는 단어는 법정에서 사용될 경우 엄밀성을 지닌 전문 용어다. 살인은 말하자면 의식적 혹은 무의식적 과실치사와 다르다. 이런 법적인 의미를 상기시키는 것은 결코 궤변이 아니다. 우리가 사용하는 법적인 전문 용어는 삶과 죽음의 문제를 수반하는 복잡다단한 상황에 대응하여 개발한 것이다.

가령 어떤 아내가, 1년 동안 병실에서 식물인간으로 누워 있던 남편에게 달린 의료 장비 플러그를 뽑았다고 할 때, 그녀는 참으로 슬픈 비합법적 행동을 한 것임에 틀림없다. 하지만 그녀는 살인자는 아니다. 그녀가 악의를 품고 제멋대로 다른 인간의 생명을 빼앗은 것은 아니다. 나는 낙태와 연루된 많은 사람의 경우도 이와 동일하다고 확신한다. 간혹 태아에 대해서 악의를 품고 그런 짓을 하는 경우가 없지는 않을 것이다. 그러나 대다수의 경우는 그렇지 않다. 따라서 "낙태는 살인이다"라고 말하는 것은 공평하지도 않고 도움이 되지도 않는다.

내가 낙태 반대론자 친구들에게 이런 문제를 제기하면 그들도 **살인**이라는 단어는 약간 과장된 표현임을 인정한다. 하지만 논쟁 상에서는 그것이 여전히 유용한 용어라고 주장하는 이들도 있다. 우리는 아주 중요한 싸움을 하고 있다고 그들은 말한다. 멈춰 서서 그 모든 것이 도덕적으로 바람직한지 여부를 따질 시간이 없다고 한다.

그것이 바로 십자군식 정신 자세다. 무슨 대가를 치르더라도 이겨라. 이 싸움은 너무나 중요하기 때문에 우리가 적에게 공평한지 여부를 따지다가 주춤할 수 없는 노릇이라는 것이다. 중요한 대의명분인가, 그렇지 않은가?

만약 중요하다면 싸움에 적극적으로 임하자.

여기서 우리는 십자군이 아주 중요한 문제에 직면하도록 설득할 필요가 있다. 즉 그 대의명분이라는 것이 과연 **무엇**인가? 그 싸움은 무엇을 **위한** 것인가? 그리스도인에게 유일한 대의명분은 하나님의 영광이다. 그렇다면 가장 근본적인 질문은 하나님이 어떻게 영광을 받으시는가 하는 것이다. 우리가 성급하게 행동하면서 진리를 놓쳐 버릴 때 하나님이 영광을 받으실까? 우리가 다른 이들을 공격하기 전에 먼저 그들의 의도를 이해하고자 하는 마음이 없을 때 과연 그분이 영화롭게 되실 수 있을까?

솔직히 고백할 것이 있다. 나에게도 십자군 같은 기질이 상당히 많다는 점이다. 하지만 다음 장에서 나는 십자군식 기독교를 반대하는 주장을 펼 작정이다. 그것도 내 영혼 깊숙이 잠재해 있는 충동을 품은 채 그렇게 할 것이다.

나만이 그런 문제를 안고 있는 것은 아닐 것이다. 확신에 찬 그리스도인이라면 십자군 정신의 유혹을 받을 가능성이 높다. 따라서 어느 정도의 규칙이 필요하다. **초심자라면 자신의 죄성과 타인의 인간성에 초점을 맞추는 것이 좋다.** 우리는 자신과 타인에 대해 더 정직해질수록 더욱 교양 있는 모습을 갖추게 된다.

낙태 반대 운동을 활발히 펼치는 한 친구가 적극적으로 그 운동에 앞장서던 한 그리스도인 여성에 관한 이야기를 들려주었는데, 정말 가슴 아픈 일화였다. 그녀에게는 어떤 타협과 예외도 있을 수 없었다. 그런데 어느 날인가부터 그녀가 낙태 반대 행사에 더 이상 모습을 보이지 않는 것이었다. 그녀는 아무 설명도 없이 조용히 손을 뗀 모양이었다.

훗날 그녀의 친구는, 그녀의 열다섯 살 된 딸이 난폭한 강간을 당하여 임신을 했고 가족들이 많은 고심 끝에 낙태하기로 결정했다는 사실을 알게 되었다.

나는 그 가족의 결정에 동감한다. 사실 비극적인 상황을 당할 때 낙태가 그래도 가장 작은 악의 선택일 경우가 없지 않다. 그들이 낙태가 가장 최선의—혹은 가장 덜 끔찍한—선택이라고 생각한 것을 충분히 이해할 수 있다.

그리스도인이자 어머니인 그 여성은 낙태 문제가 얼마나 복잡한 이슈인지를 마침내 인식하게 된 것이다. 그녀는 강간으로 인한 임신이 아주 심각한 개인적 딜레마로 등장하고 나서야 낙태 논쟁이 지닌 뉘앙스에 예민하게 반응할 수 있었다. 왜 그때까지 기다려야 했던가? 그녀의 직계 가족을 넘어 타인에게까지 감정 이입의 경험을 확대하며 감수성을 배웠다면 더 낫지 않았을까?

물론 감정 이입만으로는 낙태 정책의 문제를 해결할 수 없을 것이다. 하지만 이 여인의 태도가 돌변한 것을 보면, 그녀는 문제와 정직하게 씨름하는 대신 흑백 논리를 선택했다는 것을 알 수 있다. 만일 그녀가 우리의 규칙—자신의 동기를 엄격하게 점검하고 반대편의 진정한 인도주의적 관심에 대해 민감성을 개발하는 것—을 좀더 일찍 익혔더라면 더 유능한 낙태 반대 운동가가 되었을 것이다.

다음에 인용하는 대목은 내가 아는 북아일랜드의 복음주의자가 최근에 자기 나라의 종교 지도자들에게 보낸 제안의 일부다.

우리 사회에서 평화를 증진시키는 방법 중 하나는 로마 가톨릭 학교와 개신교 학교 간에 아일랜드 역사와 관련된 주제를 정해서 토론하는 자리를 매년 마련하는 것입니다. 내가 제안하는 바는 개신교 팀은 가톨릭의 관점에서 그리고 가톨릭은 개신교 입장에서 자기주장을 전개하는 것입니다. 내가 보기에 타인의 입장에 설 수 있는 능력이 우리에게 결여되어 있는 것이 슬픈 현실입니다.

내 친구는 가톨릭과 개신교 양 진영의 최고 지도자들이 그 제안에 찬성한다는 전갈을 받았다고 한다. "그러나 내가 알기로는 아무도 그 아이디어를 더 이상 진전시키지 않았네." 만일 아일랜드의 개신교인과 가톨릭교인이 감정 이입을 통해 상대방의 입장을 대변하고 또 경청한다면 상당히 많은 것을 이룰 수 있으리라 생각한다.

하나님의 응시

무례한 태도를 교정하려면 좀더 정직하게 말하는 법을 배워야 한다. 그러나 나는 교양이 말보다 더 깊은 차원이라고 주장해 왔다. 그것은 우리가 실재를 보는 방식에 뿌리박고 있다. 이것이 의미하는 바는 우리 그리스도인은 하나님이 사물을 보시는 방식에 따라—죽을 수밖에 없는 우리 존재가 할 수 있는 한 최대한—모든 것을 보도록 노력해야 한다는 것이다.

시편 139편은 내가 좋아하는 성경 본문 중 하나다. 그 내용은 하나님의 거룩함 앞에서 느끼는 경외감으로 가득 차 있다. 뿐만 아니라 마음을 즐겁게 하는 작은 교훈적인 드라마도 담고 있다. 저자는 열여덟 절에 걸쳐 경탄할 만한 표현으로 하나님의 지식과 권능의 신비를 찬양한다. 그러고 나서는 이런 영적인 예배에 너무나 압도된 나머지, 두어 구절에 걸쳐 십자군적 의식에 빠져 버린다.

> 주님, 주님을 미워하는 자들을 내가 어찌 미워하지 않으며, 주님께 대항하면서 일어나는 자들을 내가 어찌 미워하지 않겠습니까? 나는 그들을 너무나도 미워합니다. 그들이 바로 나의 원수들이기 때문입니다. (21-22절, 새번역)

이것은 이해할 만한 반응이고 어떤 면에서는 아주 정당하다. 하나님의 장엄함이 너무나 찬란해서 그에 비하면 다른 모든 것은 빛이 바랠 수밖에 없다. 그런 분에게 총체적인 헌신에 못 미치는 다른 어떤 것을 드리겠는가? 주님을 미워하는 자를 미워하고 그분을 대항해서 일어나는 자를 몹시 싫어하지 않을 수 있겠는가?

그런데 시편 기자는 황급히 자세를 가다듬는 것 같다. 그는 자기와 같은 피조물이 불의에 대해 '완전한 증오'를 품을 만큼 완전한 지식이나 고결성을 가진 양 가장하는 것이 주제넘은 짓임을 감지한다. 그래서 그는 악한 무리의 패배를 위해서가 아니라 자기 존재의 내면 깊숙이 있는 잘못된 것을 바로잡도록 은혜를 달라고 호소한다.

> 하나님, 나를 샅샅이 살펴보시고,
> 내 마음을 알아주십시오.
> 나를 철저히 시험해 보시고,
> 내가 걱정하는 바를 알아주십시오.
> 내가 고통받을 길을 가고 있지나 않는지 나를 살펴보시고,
> 영원한 길로 나를 인도하여 주십시오. (23-24절, 새번역)

이것이 바로 실재에 대한 올바른 관점, 곧 하나님의 응시에 대한 우리의 인식이 시작되는 지점이다. 주님은 모든 것을 들으실 뿐 아니라 모든 것을 보시는 분이다. 그분은 우리의 언어 습관을 아실 뿐 아니라 그런 습관이 형성되는 마음도 보고 계신다. 기독교적 제자도는 우리가 하나님의 얼굴 앞에 서—'코람 데오'(*coram Deo*)—살고 있다는 의식에 기초하고 있다.

그리스도인의 삶에는 수동적인 측면이 있다는 사실을 피할 수 없다. 이

와 관련하여 나는 구스타보 구티에레즈(Gustavo Gutierrez)의 표현을 좋아한다. 그리스도인의 삶에는 영성을 위한 "쓸모없는" "낭비되는" 시간이 있어야 한다고 그는 말한다. 즉 모든 다른 의제에 관여하지 않고 하나님의 임재 안에 머무는 그런 순간 말이다.[4]

하나님이 보시듯이 보는 것

하지만 이런 기독교적 수동성은 그리스도인의 삶에 있는 좀더 능동적인 측면과 연결되어 있다. 우리가 하나님의 응시를 강렬하게 의식하는 경건의 시간에는 하나님의 관점에 따라 행동하는 법을 배우게 된다. 하나님이 우리를 보고 계신다고 인식한 이상, 우리도 능동적인 자세로 좀더 진실하고 공손한 모습으로 보기 시작할 수 있는 것이다.

수년 전 아내와 더불어 아이티(Haiti)에서 여러 선교사 가족과 수양회를 한 적이 있다. 어느 날 오후 우리는 지프를 타고 시골길을 가고 있었는데 나는 선교사 자녀들과 함께 뒷좌석에 앉아 있었다. 그들 중에는 예쁜 아이티 쌍둥이 여자아이들도 있었는데, 선교사의 집 앞에 버려진 것을 선교사 부부가 입양한 아이들이었다. 차를 타고 가는 동안 아이들은 주일학교 노래를 불렀다. "예수 사랑하심은", "예수님은 어린이를 사랑하네", "이 작은 나의 빛" 등의 노래였다. 나도 그들을 따라 부르다가 다음 노래가 시작될 때에는 중단하고 말았다.

네 눈이 보는 것을 조심해
네 눈이 보는 것을 조심해
위에 계신 주께서 사랑스레 보시네.

네 눈이 보는 것을 조심해.

가사는 이렇게 이어졌다. "네 귀가 듣는 것을 조심해…네 발이 가는 것을 조심해…네 입이 말하는 것을 조심해…."

나는 늘 이 짧은 노래의 가사가 너무 부정적이라고 생각해 왔다. 이것을 보지 말라, 이것을 만지지 말라, 거기에 가지 말라는 식이니 말이다. 차 안에서 그 노래를 들으며 창밖을 내다보는데, 인간이 겪을 수 있는 가장 처참한 가난이 눈에 들어왔다. 사람이 살기에 너무나 열악한 판잣집이 즐비한 모습, 영양실조로 앙상한 몸뚱아리들, 절망과 자포자기로 그늘진 얼굴들, 부패와 죽음의 냄새와 광경.

'이것은 참으로 아이러니가 아닌가? 우리는 지금 인간으로서 겪을 수 있는 가장 처절한 광경을 지나가고 있는데, 동시에 그리스도인으로서 보아서는 안 될 것들을 가사에 온통 담고 있는 부정적이기 그지없는 노래를 부르고 있다니!'

그 순간 갑자기 그 노래에 전혀 다른 방식으로 접근할 수 있다는 생각이 떠올랐다. 나는 그 노래를 늘 '…하지 말라'는 노래로 해석해 왔다. 그런데 '…하라'는 노래로도 얼마든지 볼 수 있다는 생각이 떠오른 것이다. 하나님이 보시는 것을 보도록 주의를 기울이라. 하나님이 듣는 것을 듣도록 주의를 기울이라. 하나님이 가시는 곳으로 가도록 주의하라….

그러자 이 아이들이 아주 능동적인 기독교를 노래하고 있다는 것을 인식하게 되었다. 이 어린 아이티 아이 두 명이 선교사 공동체의 일원이 된 것은, 바로 이 공동체가 하나님을 영화롭게 하는 방식으로 기꺼이 보고 듣고 만지려 했기 때문이다.

교양 있는 그리스도인은 자기가 하는 말에 대해 능동적으로 '조심해야 한다는 것을 알고 있다. 뿐만 아니라 그들은 자기가 말하는 방식을, 보고 듣고 걷고 만지는 방식과 연결시킨다. 이것은 거꾸로 그들이 결코 피할 수 없는 그분의 임재, 곧 '품위 있는 자리'를 의식한다는 의미다.

5. 열린 마음
교양 있는 태도의 중요성

어느 날 오후 백화점에서 작은 남자아이가 누나를 놀리는 광경을 보게 되었다. 아이의 어머니가 그것을 알아채고는 남자 아이를 꾸짖었고 "이제부터는 착한 아이가 돼야지!"라고 말했다.

그 아이에게 측은한 마음이 들었다. 어떤 존재가 **되라**는 것은 무척 순종하기 어려운 주문이다. 만일 그 어머니가 "누나를 놀리지 마라!"고 했다면 따르기가 좀더 쉬웠을 것이다. 이런 명령을 지키는 법은 당신도 잘 알고 있다. 그저 하지 말라는 행동을 그치면 되는 것이다. 그런데 이제부터 착한 아이가 되려면 어떻게 해야 하는가? 그렇게 **되려면** 상당한 노력이 필요하다. 즉 특정한 자세와 성품을 개발하지 않으면 안 된다는 말이다. 당신이 그저 눈을 감고 '좋은 사람이 되어야지' 하고 마음먹는다고 되는 게 아니다.

교양 있는 사람이 된다는 것은 좋은 사람이 되는 것과 아주 밀접한 관계가 있다. '좋은' 사람이 되는 것처럼, '교양 있는' 사람이 되기도 그리 단순한 일이 아니다. 여러 가지로 상당한 노력을 해야 가능한 일이다.

최소한으로 말하자면, 백화점에서 만난 아이처럼 우리도 좋지 **못한** 행동을 그만두어야 마땅하다. 하지만 동시에 우리 내면의 자아를 대상으로 어떤 노력을 기울여야 한다. 교양 있는 태도는 결국 우리의 마음에서 흘러나와야 하기 때문이다. 그렇게 되는 방법에 대해서는 이미 앞에서 몇 가지를 다루었다. 이 장에서는 우리와 매우 다른 사람들의 경험에 대해 우리의 마음을 여는 법을 자세히 살펴볼까 한다.

감정 이입

제2차 바티칸 공의회에서 로마 가톨릭 주교들이 승인한 최종 문건에는 "현대 세계에서의 교회에 대한 목회 율령"이라는 것이 있다. 제목은 무척 까다로워 보이지만 아주 온화하고 감동적인 내용을 담고 있는 문서다. 특히 처음 시작하는 대목이 가슴에 와 닿는다.

> 우리 시대를 사는 사람들, 특히 어떤 식으로든 가난하거나 고통받는 자들의 기쁨과 희망, 슬픔과 고뇌는 그리스도를 따르는 자들의 기쁨과 희망, 슬픔과 고뇌이기도 하다. 참으로 인간적인 것은 그 무엇도 그들의 마음에 공명을 불러일으키지 않는 것이 없다.[1]

이는 아주 강력한 요청이다. 시민교양은 우리에게 우리 자신과 타인 사이의 심리적 간격을 좁힐 것을 요구한다. 우리는 애초에 우리와 아주 판이하다고 느꼈던 사람들과 일종의 공감대를 만들 필요가 있다. 그렇게 하는 한 가지 방법은 **감정 이입**의 훈련이다.

'감정 이입'이란 문자적으로 '감정 속으로'라는 뜻인데, 나 자신을 타인의 감정 속으로 투영시킴으로써 상대방이 겪는 경험이 어떤 것인지를 이해하기 시작하는 것이다. 만일 줄곧 방어적이고 모욕적인 행동만 하는 이웃에 대해 감정 이입의 경험을 하고 싶다면, 그처럼 반사회적인 행위를 야기하는 상처와 두려움이 어떤 것일지, 그로 인해 마음이 갈기갈기 찢기는 것이 어떤 것일지 상상하려고 애쓰면 된다. 그렇게 함으로써 나는 그의 내면의 삶과 나 자신의 내면 사이에 어떤 연결점을 찾을 수도 있다. 혹은 상상력을 발휘하여 과거에 한 번도 직접 경험한 적이 없는 어떤 느낌을 탐구할 수도 있다.

물론 우리가 모든 동료 시민 각각에 대해 일대일 차원의 감정 이입을 개발할 수는 없는 노릇이다. 그러나 몇 가지 공통점을 중심으로 일반 시민에 대한 감정 이입의 감수성을 개발하는 것은 가능하다.

내가 여기서 감정 이입의 필요성을 강조하는 이유는, 공감적 감수성을 키우는 것이 곧 좀더 인간적인 존재가 되는 길이기 때문이다. 우리가 자기중심적인 굴레를 깨고 다른 이들의 경험 속으로 들어갈 때, 인간을 향한 하나님의 목적을 이루는 데 한 발짝 더 다가가게 된다. 아울러 이것은 더욱 그리스도를 닮아 가는 길이기도 한데, 성육신이란 결국 궁극적인 감정 이입의 사역이기 때문이다. "우리에게 있는 대제사장은 우리의 연약함을 동정하지 못하실 이가 아니요. 모든 일에 우리와 똑같이 시험을 받으신 이로되 죄는 없으시니라"(히 4:15).

감정 이입은 성품 개발에 유익하지만 그것만이 유일한 가치는 아니다. 그것은 복음 전도에도 중요한 역할을 한다. '관계 중심적인 전도'를 강조하는 기독교 단체들이 이 점을 중요시한다. 즉 불신자들과 진정한 친구 관계를 맺음으로써―그들만의 특유한 희망과 두려움에 대해 알기 위하여 그들의 삶 속으로 들어가려고―서로 간에 건강한 기반이 조성되고, 그것을 기초로 그들에게 우리 구원자의 인격과 사역을 소개할 수 있음을 잘 알고 있는 것이다.

호기심

감정 이입 훈련은 상당한 **호기심**에 의해 진전될 수 있다. 우리에게는 우리와 판이한 사람들의 경험에 친숙해지고 싶은 마음이 있어야 하는데, 이는 인간 됨의 길이와 넓이를 이해하고자 하는 단순한 동기에서 나온다.

호기심은 우리 삶에서 여러 좋은 것을 추구하도록 동기를 부여한다. 우리가 평생 교육 과정에 등록하기로 결심하거나, 어떤 물건의 작동법을 배우거나, 타국으로 여행하기로 정하거나, 낯선 곳으로 배낭여행을 떠나기로 결정하는 것은 바로 호기심이 발동했기 때문이다. 호기심 때문에 우리는 잡지를 훑어보고, 뉴스를 시청하며, 소설을 읽고, 친구에게 전화해서 '근황'을 묻는 것이다.

그리스도인은 강한 호기심을 가질 필요가 있다. 이곳은 하나님의 세상이고, 우리는 세상을 더 잘 알고자 하는 마음이 있어야 한다. 그리고 사람은 하나님의 "오묘하고…놀라운"(시 139:14, 새번역) 계획에서 아주 중요한 부분을 차지하고 있기 때문에, 우리는 마땅히 폭넓은 인간 경험 전체에 대해 큰 호기심을 가져야 한다. 우리와 아주 다른 사람들에 대해 배우고 싶은 마음이 있어야 한다.

이 모든 것은 우리의 공적인 삶에도 그대로 적용된다. 우리의 동료 시민을 움직이는 동인이 무엇인지, 그들이 그런 식으로 사고하고 행동하는 이유가 무엇인지, 그들이 최고의 사랑과 충성심을 품게 된 경위가 무엇인지를 당연히 알고 싶어야 한다. 공적인 영역에서 시민교양을 배우는 것은 '참으로 인간적인' 것에 대한 건강한 호기심을 충족시키는 중요한 방편이다.

언젠가 솔트레이크시티의 태버내클에서 모르몬교도로 구성된 거대한 청중에게 짧은 강연을 한 적이 있다. 거기서 우리 복음주의자들이 종종 모르몬교도에게 무엇을 믿는지 정중하게 문의하지 않고 무엇을 믿는지를 말해 보라는 식으로 다그치는 것에 대해 유감스럽게 생각한다고 말했다. 우리가 그런 짓을 할 때에는 우리 이웃에 대해 거짓 증언을 하는 셈이고, 복음주의자들이 의견을 달리하는 사람들에게 종종 그랬다는 얘기를 했다. 나는 그런 죄스러운 행태에 대해 사과를 했고, 이어서 모르몬 친구들과 많은 대화를 해 본 결과 우리가 영구적인 중요성을 가진 사안들에 대해 서로 의견을 달리하고 있다는 사실을 확신하게 되었다고 덧붙였다.

나는 우리가 모르몬교도에게 죄를 범했다고 말한 것 때문에 많은 복음주의자들에게 호된 비판을 받았다. "풀러 신학교 총장이 모르몬교도에게 사과하다"가 항의의 슬로건이 되었다. 하지만 이런 항의는 내가 사과한 취지를 더욱 강화시켜 줄 뿐이었다. 우리가 정말로 진리를 변호한다고 주장하려면—서로의 견해 차이가 아무리 크더라도—다른 사람들의 견해를 진실하게 묘사하기 위해 특별한 노력을 기울여야 하지 않을까?

이것은 호기심의 이슈와도 연결된다. 만일 우리가 구원 및 영원한 운명에 관한 문제가 타인과 얘기할 수 있는 가장 중요한 사안이라고 생각한다면, 우리는 상대방이 인생의 궁극적인 문제에 대해 믿고 있는 바에 대해 최소한 호기심이라도 품어야 하지 않을까? 타인의 영혼에 대해 진정한 관심이 있다면 그 영혼 **속에** 이미 들어 있는 것을 알고 싶은 건강한 호기심을 품는 것이 당연하다.

배우고자 하는 정신

시민교양은 또한 **배우고자 하는 정신**(teachability)으로 타인에게 접근할 것을 요구한다. 어떤 면에서는, 감정 이입과 호기심에 대해 다룰 때 이미 배우고자 하는 정신이 언급된 것 같다. 타인과의 관계에서 감정 이입의 자세를 취하고 호기심을 가지는 것은 곧 그들에 대해 알고 싶어 하는 마음을 가지는 것이다.

하지만 여기서 내가 강조하고 싶은 점은 그들에 **관해서** 배우고자 하는 것이 아니라 그들**에게** 배우고자 하는 것이다. 이를테면, 나는 19세기의 위대한 사상가 프리드리히 니체가 쓴 많은 글을 읽었고, 그에 관해 쓴 많은 책과 글도 읽었다. 니체는 무신론의 대변자였고 그의 철학적 견해는 허무주의에 맞닿아 있었다. 그가 "신은 죽었다"고 말한 것은 그저 계시 종교를 그럴듯하게 퇴출시키기 위한 것이 아니었다. 그는 우리가 하나님의 실재를 부인할 때 어떻게 의미와 목적의식을 잃어버리게 되는지를 보여 주려 한 것이다.

나는 니체의 생애와 사상을 공부하면서 그에 대해 어느 정도 공감할 수 있었다. 그는 아주 복잡한 인물로서 여러 면에서 매혹적인 사람이었다. 나는 그의 관점에서 사물을 보려고 애썼는데, 그 이유는 그의 입장에서 바라본 세상이 어떠했는지를 **느껴 보기** 위해서였다. 그에 대해 공부함으로써 그의 생애와 사상에 대한 호기심도 충족시킬 수 있었다. 그가 그런 입장을 취하게 된 문화적 배경에 대해 어느 정도 파악할 수 있었고, 그의 지적 발달의 궤적에 관해서도 상당 부분 배울 수 있었다.

그런데 내가 스스로에게 던지는 또 다른 질문들이 있다. 내가 니체**에게** 배운 것이 있는가? (만약 있다면) 자기의 조상인 루터파의 신념을 그토록 격렬하게 내던졌던 그 사람의 생애와 사상을 연구함으로써 내가 얻은 것이 무엇인가?

나는 그의 견해에 어느 정도 동의하게 되었는가? 이는 또 다른 문제로서 더 어려운 이슈에 속한다. 나는 니체의 철학을 공부함으로써 얻은 유익이 있다고 생각한다. 하지만 그가 나에게 성공적으로 **가르쳐 준** 어떤 구체적인 사상을 들라고 하면 곤란해진다.

내가 방금 제시한 본보기에서 발견할 수 있는 두 가지 중요한 사항이 있다. 첫째, 나는 니체에게 배운 구체적인 교훈이 생각나지 않는다고 해서 당황하지는 않는다. 우리가 마주치는 모든 관점에서 반드시 일말의 진리를 배워야 할 의무는 없기 때문이다. 어떤 견해는 완전히 혼돈 그 자체이거나 상당히 왜곡되어 있다. 또 어떤 경우는 그야말로 광적인 생각에 불과하다. 만일 우리가 타인의 견해에 대해 감정 이입을 하고 호기심 어린 자세로 임하는 데 성공했다면 그것만으로도 훌륭한 작업을 한 셈이다.

둘째, 그러나 내가 만약 니체에게 무엇인가를 배웠다 해도 나는 당황하지 않고 그것을 떳떳이 고백할 수 있을 것이다. 모든 불신자와의 만남은 내가 진리를 더 잘 이해하는 데 도움이 될 수 있기 때문이다.

과거 일부 기독교 진영에서 '그리스도인과 마르크스주의자의 대화'의 필요성에 대해 많은 논의가 있었을 때―1980년대 말 대표적인 공산주의 정부들이 무너지는 대변혁이 일어나기 전이었다―아르헨티나 신학자 호세 미구에즈 보니노(Jose Miguez Bonino)는 이 주제에 관해 흥미로운 책을 썼다. 그 가운데 한마디가 내 뇌리에 깊이 새겨졌다. 그리스도인은 칼 마르크스가 심판석에 앉아 종교적 신앙이 왜 잘못되었는지에 대해 판결을 내리도록 허락할 수 없다는 말이다. 하지만 우리는 그가 증인석에 앉는 것은 얼마든지 허락할 수 있을 것이다.[2)]

그것은 아주 심오한 통찰이다. 어떤 관점이 우리의 신념에 대해 아무리 적대적이라 해도 우리는 그 비판을 기꺼이 경청해야 한다. 그리고 때로는 그런 비판으로부터 유익한 교훈을 배울 수 있을지도 모른다.

하나님은 종종 전혀 예측할 수 없는 방식으로 신자들에게 교훈을 주시는 분이다. 예언자 발람은 자기 당나귀의 입에서 나온 말로 잘못을 지적받았다. 일단의 이방인 선원들은 요나가 하나님의 부르심을 버리고 도망치고 있다는 사실을 문제로 제기하며 요나에게 도전했다. 매년 성탄절이 되면 우리는 일단의 동방박사들에게 영감을 받곤 하는데, 그들은 점성학의 도표에 의거해서 아기 그리스도를 찾은 사람들이다.

주님은 때때로 이상한 교사들을 보내기도 하신다. 그러므로 우리는 그분이 그들을 통해 우리에게 가르치고자 하시는 교훈에 열려 있어야 한다.

불신자에게 배우기

우리는 아주 근본적인 사안에 대해 의견을 달리하는 사람들에게도 다양한 유의 '진리'를 배울 수 있다. 때로는 우리 견해와 불신자의 견해 사이에 존재하는 확연한 차이점을 유심히 관찰함으로써 중요한 교훈을 배울 수도 있다.

내가 니체에게 배운 것이 **있다면** 바로 이런 것이다. 그는 우리 세계에는 신적인 질서나 선(善)의 자취가 전혀 없다고 주장한다. 그런 세상은 인생을 살기에 무척 끔찍한 곳일 텐데, 니체도 그 사실을 자각하고 있다. 그는 아주 일관성 있는 무신론자가 되기로 작정한 사람이다. 그래서 자기가 배척한 성경적 세계관에서 아무것도 빌려 올 생각이 없다. 그의 철학과 성경의 관점 사이에 존재하는 현격한 대조는 매우 교훈적이다. 니체가 신자와 불신자 모두에게 준 도움은 우리 사이에 존재하는 쟁점을 명약관화한 용어로 규정지었다는 점이다.

비그리스도인은 때로 우리가 성경적 관점에서 보며 간과한 것을 보도록 도울 수 있다. 예를 들면, 나와 마르크스주의자들 사이에는 공통점이 거의 없다. 나는 베를린 장벽이 무너지고 소련이 내부에서 붕괴된 것을 감사하게 생각하는 사람이다. 그렇지만 나는 우리 그리스도인들이 가난하고 억눌린 자들의 곤경에 제대로 반응하지 못했기 때문에 공산주의가 초창기에 호응을 받았다고 여전히 생각한다. 우리는 마르크스주의에서 그 교훈을 배우고 다시 성경으로 돌아가, 과부와 고아와 나그네와 학정의 희생자를 위해 노력하라는 하나님의 부르심을 새롭게 듣게 된다(예를 들어, 시 146편을 보라).

그리고 때로는 불신자들이 직설적으로 우리에게 진실을 말하기도 한다. 예수님 자신이 다음과 같이 말씀하시면서 우리에게 그 가능성을 열어 두라고 권고하셨다. "이 세상의 아들들이 자기네끼리 거래하는 데에는, 빛의 아들보다 더 슬기롭다"(눅 16:8, 새번역).

우리는 하나님이 우리에게 말씀하시는 경로에 어떤 인위적인 한계를 그을 수 없다. 이는 공적인 영역에서 우리가 경험하는 것에도 적용된다. 우리는 정중한 태도로 타인에게 접근하고 주의 깊게 그들의 말을 경청해야 한다. 비록 우리의 의견이 그들과 근본적으로 전혀 다를지라도, 우리가 진리를 더 분명하게 분별할 수 있도록 그들이 도울 수도 있음을 유념해야 한다. 교양 있는 그리스도인이 된다는 것은 놀라게 하시는 하나님에 대해 열려 있는 자세를 의미한다.

경계가 모호해진다?

교회 지도자들의 관심을 불러일으키는 다양한 주제에 대해 글을 써온 저명한 가톨릭 윤리학자 찰스 큐란(Charles Curran)은 가톨릭 대학교에서 윤리학 시험을 감독하려고 강의실에 들어갔을 때 일어난 일을 들려준다. 큐란 신부가 두 학생의 등 뒤로 걸어가고 있었는데, 그들은 그가 바로 곁에 있는 것을 몰랐다.

"큐란 교수님 과목 시험공부 좀 했니?" 하고 한 학생이 친구에게 물었다.

"별로 안 했어" 하고 그 친구가 대답했다. "큐란 선생님 시험은 그저 모든 것이 얼마나 복잡하고 모호한지 잔뜩 설명하면 되거든. 그러면 분명히 좋은 학점을 받게 돼!"

어쩌면 독자들도 내가 이 책에서 주장하는 바에 대해 그런 인상을 받을지 모르겠다. 나는 그 점을 이미 말한 바 있으며 다시 강조하고자 한다. 즉 쟁점들은 종종 복잡하고 모호하다는 점이다. 우리는 반대자들이 하고자 하는 말을 열린 자세로 경청해야 한다. 타인의 관점을 성급하게 배격하지 말라는 뜻이다.

이것은 위험한 발상 아닌가? 사안을 너무 복잡하고 모호하게 만들어 경계가 모호해질 위험이 있지 않은가? 감정 이입이니 자기 점검이니 하는 것은 지식인에게만 해당되는 사치스런 화두가 아닌가? 도덕적인 용기 면에서 우리가 가장 존경하는 이들을 생각해 보라. 그들은 사실 자기 신념에 대해 다소 '순진하고' '원색적인' 사람들 아닌가?

이런 논점은 충분히 고려할 만하다. 사실 나는 시민교양을 옹호하는 논점을 펼치면서 그처럼 순진하고, 분명하고, 도덕적 용기를 지닌 사람들 몇 명을 염두에 두고 있다. 당장 떠오르는 인물은 내가 영적인 영웅으로 존경하는 두 사람이다. 먼저 코리 텐 붐은 나치의 핍박에서 유대인을 보호하기 위해 자기 생명을 기꺼이 내놓았던 사람이다. 그러나 그녀는 나치의 사악한 계획을 훼방하려고 애쓰는 중에도 원수를 위해 기도하는 등 온유하고 자애로운 모습으로 행동했다. 그리고 테레사 수녀가 있다. 그녀는 임산부의 요구에 의한 낙태를 항상 단호하게 반대하면서도 친절과 경외감이 언제나 돋보이는 겸손한 분이다.

어떤 이들은 그와 같은 도덕적 '단순함'을 별로 노력하지 않고도 자연스럽게 습득하는 것 같다. 하지만 어떤 이들은 이런 유의 성스러움을 조금이라도 습득하려면 많은 영적·지적 에너지를 사용해야 한다.

물론 모호성과 복잡성을 주장하는 것은 마땅히 직면해야 할 도덕적 투쟁을 회피하는 방편이 될 수 있다. 그러나 우리의 삶을 바로잡는 하나님의 은혜에 대한 열린 자세를 수반한다면 이것은 성화의 수단이 될 수도 있다.

우리는 동일한 지점으로 줄곧 되돌아오고 있는데, 그것은 우리가 하나님의 임재 가운데 살고 있다는 사실이다. 우리가 하나님의 은혜를 더욱 강하게 체험하지 않는다면 감정 이입과 호기심, 배우고자 하는 정신을 지속적으로 개발하는 것은 불가능하다. 하나님의 마음에서 흘러나오는 사랑 때문에 우리는 타인에 대해 열린 마음을 유지할 수 있는 것이다.

6. 영적인 토대

미국 정치사상의 고전적 문헌 중 하나인 「연방주의자 논집」(*Federalist Papers*)에서 알렉산더 해밀턴과 제임스 메디슨은 정부의 구조와 기능에 관한 상반된 견해를 각각 개진했다. 자주 인용되는 "연방주의자 논문 제10호"(Federalist Ten)라는 글에서, 메디슨은 유능한 정부는 다양한 '당파들'이 사회 구조를 파괴하지 않으면서 서로 경쟁할 수 있는 장(場)을 마련해 줘야 한다고 주장했다. 이와 관련해 일부러 종교적 신앙을 집어내어 이렇게 언급했다. "종교적 이견에 대한 열정이야말로 인류를 여러 종파로 분열시키고, 서로 적대감을 품도록 부추기고, 공동선을 위해 협력하기보다는 서로를 억압하는 방향으로 치닫게 한 대표적인 요인들 중 하나다."

메디슨은 이 현상에 대한 진정한 치료책을 찾지 못했다. 그것은 "우리 사회에서 제거될 수 없는 여러 현실들 중의 하나일 뿐"이라고 그는 말했다. 우리로서는 그런 적대감의 결과를 선명하게 보여 줄 정부 형태를 만들 수 있기를 바랄 따름이라고 했다.[1]

나는 이처럼 공적 영역에서 종교적 믿음이 빈번하게 자행하는 파괴적인 패턴에 대해 도무지 치료책을 찾을 수 없다고 비판하는 메디슨을 탓할 생각이 없다. '종교적 이견에 대한 열정'이 해로운 결과를 낳는다는 증거가 너무나 많기 때문에 그 문제를 결코 부인할 수 없기 때문이다. 그러나 이 책에서 이제껏 쓴 모든 내용은 내가 모종의 치료책을 찾는 일을 그만둘 생각이 없다는 사실을 보여 준다.

해결책의 일환

강한 종교적 신념은 무례함이라는 문제의 커다란 부분일 때도 많지만 해결에 기여할 수도 있다. 1980년대 중반에 출판되어 당시 많은 토론을 불러일으켰던 책, 『마음의 습관』(*Habits of the Heart*)에서 로버트 벨라와 그의 동료 사회학자들이 개진했던 견해는 이러한 점에서 나에게 격려를 준다. 벨라와 동료들은 오늘날 공적 광장에서 그토록 많은 갈등이 존재하는 것은 바로 그동안 공적인 삶의 토대가 되었던 오랜 종교적·시민적 인생관이 실종되고 말았기 때문이라고 주장했다. 우리는 과거의 교훈들, 즉 종교 전통들과 긴밀히 묶여 있던 교훈들을 잊어버렸다. 이 상황을 타개하려면 이른바 '기억의 공동체들'을 다시 세우는 일이 필요하다고 했다. 그리고 내가 큰 격려를 받은 것은 바로 다음 대목이다. 이런 공동체를 찾을 수 있는 최고의 장소는 예배의 장소라는 것이다. 그들의 말을 들어 보자. "우리 사이에 여전히 작동하고 있는 것이 있는데…우리에게 세계의 본성, 사회의 본성, 그리고 한 국민인 우리가 누구인지에 대해 말해 주는 전통들이다."[2)]

이런 견해가 묘사하는 종교적 믿음과 공적 영역의 관계는 메디슨이 묘사하는 것과 사뭇 다르다. 종교적 신념을 근본적인 문제로 보는 게 아니라—비록 신앙인이 문제의 커다란 일부인 경우가 많긴 하지만—치료책을 찾을 수 있는 중요한 출처로 보는 공적인 삶을 제시하는 것이다.

그리스도인의 입장에서 보면, 우리가 종교적 정체성을 확고히 함으로써 공적인 삶에 기여할 수 있다는 말은 무척 고무적이다. 그러나 현실에 대한 성경적인 이해에 입각하여 나름의 이해력을 개발하는 일도 중요하다. 그러면 왜 우리가 이런 작업을 해야 하는가? 그리고 우리가 공적인 시민교양 의식을 유지하기 위해 어떤 자원을 활용할 수 있는가?

열정에 대해서는?

메디슨이 불평하는 '종교적 이견에 대한 열정'의 문제로 돌아가자. 종교적 열정의 나쁜 결과에 대해 치료책을 찾는 과정에서 내가 수용할 수 없는 것은 '열정' 자체를 없애 버리는 일이다. 성경이 열정을 문제점으로 자주 지적하는 것은 사실이다. 가령, 사도 바울은 로마서에서 "하나님께 열심[열정]이 있으나 올바른 지식을 따른 것이 아닌"(롬 10:2) 경우를 묘사한다. 하지만 두어 장만 지나면 그리스도인 독자들에게 "부지런하여 게으르지 말고 열심[열정]을 품고 주를 섬기라"(롬 12:11)고 권면한다. 그런즉 '올바른 지식을 따르지 않는' 나쁜 열정도 있고, 우리가 한결같이 '주를 섬길 때' 보여 주는 좋은 열정도 있는 셈이다.

나는 이 책의 앞부분에서 (마틴 마티의 명구를 빌려서) 그리스도인은 '신념 있는 시민교양'을 계발하는 게 필요하다고 말한 바 있다. 우리의 열정, 올바른 종류의 열정은 신념과 관계가 있다. 우리 그리스도인이 믿는 바는 영원의 문제와 관련된 것이다. 우리는 우리의 신념을 저버릴 수 없다. 우리는 신앙의 열정을 품어야 한다.

그러면 문제는—이것이 바로 내가 여태껏 다뤄 온 도전거리인데—어떻게 하면 시민교양을 계발하는 동시에 올바른 종류의 열정을 키우느냐 하는 것이다. 하지만 이것은 마치 양자가 어떻게든 우리가 안고 살아야 할 상충되는 것들인 양 '둘을 긴장 가운데 붙잡고 있는' 문제가 아니다. 성경에 따르면, 올바른 종류의 열정을 품으면 시민교양에 헌신하게 된다고 한다. 이 점은 디도서에 명약관화하게 나온다. 예수가 "우리를 대신하여 자신을 주심은 모든 불법에서 우리를 속량하시고 우리를 깨끗하게 하사 선한 일을 열심히 하는 자기 백성이 되게 하려 하심이라"(딛 2:14).

평안을 구하라

'선행'에 대해 열정을 품으라는 명령은 구약 성경에서 하나님의 선민이 적대적인 환경에 처했을 때 주어진 것이다. 이스라엘 자손들은 바벨론에 포로로 잡혀갔고, 별안간 그들은 시민교양에 관련된 아주 심각한 문제에 봉착하게 되었다. 오랜 세월에 걸쳐 그들은 낯익은 통치자들과 제도 아래 본국에서 살았다. 예루살렘에는 참 하나님을 예배하는 성전이 있었고, 주님께 직접 받은 율법에 순종하는 삶을 영위하는 것이 당연시되었다. 이스라엘 백성은 (적어도 공식적으로는) 삶의 모든 영역에서 하나님의 뜻에 순종하기로 헌신한 면에서 하나됨을 경험했다.

그런데 그들은 순식간에 이방 문화에 둘러싸이고 낯선 환경에 처한 외국인 신세가 되었다. 시편 137편은 그들의 애절한 탄원을 담고 있다. "우리가 이방 땅에서 어찌 여호와의 노래를 부를까?"(4절) 하나님은 예레미야 선지자를 통해 그들의 물음에 응답하셨다. 너희는 장기간에 걸쳐 그 땅에 정착해야 할 터이니 살 집을 짓고, 곡식을 재배하고, 결혼해서 자녀를 낳으라는 말씀이었다. "거기에서 번성하고 줄어들지 아니하게 하라." 이어서 아주 중요한 정책 성명이 추가되었다. "너희는 내가 사로잡혀 가게 한 그 성읍의 평안을 구하고, 그를 위하여 여호와께 기도하라. 이는 그 성읍이 평안함으로 너희도 평안할 것임이라"(렘 29:4-7).

여기서 '평안'에 해당하는 히브리어는 샬롬(shalom)으로 흔히 '평화'로 번역되지만 (영어든 한국어든) 어느 한 단어로 포착할 수 없을 만큼 풍부한 뜻을 담고 있다. 거기에는 평화로움과 더불어 정의의 개념과 번영의 개념도 내포되어 있다. 그렇다면 예레미야의 입을 통해 그 포로 된 백성은 적대적인 환경에서 그들을 둘러싼 그 이방 민족의 평안에 대해 신경을 많이 쓰라는 분부를 받은 셈이다. 이것이야말로 시민교양으로의 초대다. 하나님은 이스라엘 백성에게—그리고 우리에게—우리의 이방인 이웃에 대해 무관심해서도 적대감을 품어서도 안 된다고 말씀하신다. 우리는 그들의 샬롬을 구해야 한다. 사실은 타인의 샬롬을 추구하는 중에 우리 자신의 샬롬을 실현하게 되는 법이다.

영적인 노력을 기울이라

이 모든 일을 하려면 노력이 필요하다. **영적인** 노력 말이다. 이는 심지어 우리가 별로 좋아하지 않는 사람들의 유익을 위해서라도 열심히 생각하고 행동하는 연습을 해야 한다는 뜻이다. 마치 남을 돌보는 듯이 **행동**하기만 하면 된다면 그건 비교적 쉬운 일일 것이다. 그러나 성경적 관점에서 보면 그것으로 충분치 않다. 우리는 타인의 샬롬에 대해 진정한 **마음**을 가져야 하고, 그러려면 상당한 영적 노력이 필요하다.

나는 이미 시민교양의 영적인 차원에 대해 꽤 다룬 편이다. 예컨대, 앞 장에서는 감정 이입과 배우고자 하는 정신을 논의했다. 이 둘은 '내면의' 상태와 관계가 많다. 감정 이입을 한다는 것은 다른 사람의 바람과 두려움에 공감하기를 좋아하는 것이다. 배우고자 하는 사람은 새로운 사상과 정서에 열려 있는 사람이다.

그런즉 감정 이입과 배우고자 하는 정신은 일종의 영적 자질이라고 할 수 있다. 그러면 어떻게 이런 자질을 습득할 수 있는가? 내가 어떤 개인이나 집단의 처지를 공감해야 하고 또 그들이 세상을 어떻게 경험하는지 그들에게 배우고 싶은 마음이 있어도, 그런 공감과 배우고자 하는 정신이 생기지 않는다면 어떻게 할까? 도대체 어떻게 **해야** 하는가? 바로 이런 경우에 영적인 노력이 필요하다.

나는 이 문제의 본질을 파악하는 과정에서 내가 좋아하는 영성 작가, 성 리지외의 테레사의 한 이야기에서 영감을 얻는다. 테레사는 1873년 프랑스의 독실한 가톨릭 가정에서 태어났다. 그녀는 자매인 폴린느와 특별히 가까웠다. 테레사가 아홉 살 때 폴린느는 카르멜회 수녀가 되기로 결심했다. 테레사는 언니를 잃은 상실감에 무척 시달렸다. 그런데 몇 년 뒤에 또 다른 자매 마리까지 카르멜회 수녀원에 합류했다. 그때 테레사도 수녀가 되겠다고 결심한다. 문제는 그녀가 너무 어리다는 것이었다. 그런데도 테레사는 끈질기게 졸라 댔다. 마침 온 가족이 로마로 순례 여행을 갔을 때 교황을 알현할 수 있었는데, 테레사는 교황에게 제발 카르멜회에 합류할 수 있게 해 달라고 간청했다. 그녀의 간청은 수락되었다. 예외로 승인을 받아 열다섯의 나이에 카르멜회 수녀가 되었다.

테레사는 스물네 살까지밖에 살지 못했지만 수녀원에 있던 짧은 기간 동안 영적인 일기를 썼는데 그것이 나중에 고전의 반열에 오르게 되었다. 그 내용을 읽어 보면 그녀가 다른 사람에게 공감하려고 특별히 노력했던 모습이 완연하다. 그것은 결코 쉬운 일이 아니라서 자주 예수님께 도움을 요청했다. 여기에 인용하는 글은 내가 좋아하는 대목인데, 그 신앙 공동체에서 무척 거슬리는 수녀를 영적으로 대하는 모습을 묘사하고 있다.

> 한 수녀는 무슨 행동이나 말을 하든지 나를 짜증 나게 만들었다. 마귀가 한 몫 하고 있었다. 그녀에게서 그토록 많은 불쾌한 모습을 보게 하는 것은 그놈임에 틀림없었기 때문이다. 나는 그녀를 싫어하는 본성에 지고 싶지 않아서 스스로 사랑은 감정의 문제일 뿐 아니라 행동으로도 보여 줘야 한다고 말했다. 그래서 내가 가장 사랑하는 사람에게 행하듯이 그녀에게 하기로 결심했다. 그녀를 만날 때마다 그녀를 위해 기도하며 그녀의 모든 장점과 미덕을 하나님께 아뢰었다. 이것이 예수님을 매우 기쁘게 할 것임을 확신했다. 모든 예술가는 자기 작품이 칭송받는 것을 좋아하기 때문이다. 영혼의 예술가 역시 우리가 그분이 거하기로 한 성소의 바깥에 머물지 않고 그 속에 들어가 그 아름다움에 감탄할 때 기뻐하신다.[3]

'예술품 감상법'을 배우라

성 테레사가 그린 영혼의 예술가 이미지는 나에게 도움이 된다. 그리스도인이 다른 인간—특히 중요한 부분에서 우리와 무척 다른 사람들—과의 유대 관계를 경험하게 되는 것은 예술품을 감상하는 법을 배우는 과정과 비슷하다. 어떤 이들은 예술품 감상하는 일을 다른 이들보다 더 쉽게 느낀다. 그러나 우리 대부분에게는 열심히 배워야 할 일인 것 같다. (나는 이 분야에 문외한인 것을 고백해야겠다. 내 아내는 미술사를 전공했는데, 아들에 따르면 그것은 남편이 세계 최고의 여러 미술관의 계단에 앉아서 기다렸음을 뜻한다고 한다!)

시민교양에 필요한 영적 감수성을 개발하는 일은 예술 감상법을 배우는 것과 아주 비슷하다. 미학의 영역에서—가령, 피카소나 조르주 쇠라나 루이스 네벨슨의 작품을 감상하는 능력과 관련해서—우리 대부분이 필요한 감수성을 쉽게 습득하지 못하는 부분적인 이유는 우리가 그 주제를 충분히 공부하지 않았기 때문이다. 우리가 어떤 예술품을 이해하고 감상하려 할 때 무엇을 봐야 할지조차 모르는 경우가 많다. 그래서 그런 것을 공부하는 법을 배워야 한다. 이 점은 시민교양에도 적용된다. 우리가 공감하는 자세와 배우려는 정신으로 타인에게 접근하는 사람이 되고 싶으면 타인을 영적으로 공부하는 법을 배울 필요가 있다.

물론 인간관계에서 큰 문제는 바로 죄다. 다른 사람을 다룬다는 것은 종종 우리가 싫어하는 생각과 행실을 다루는 것을 의미한다. 그리고 그리스도인인 우리가 좋아해서는 안 되는 언행도 많다. 그렇다고 무엇이든 좋다는 식의 상대주의에 기댈 수는 없는 노릇이다. 우리를 서로 나누는 많은 장벽은 사실상 심층적 차원의 세계관적 차이에서 나오는 행동과 신념이다.

우리는 이 점을 인식할 필요가 있다. 하지만 여기서 끝나면 안 된다. 성경의 명령은 아주 분명하다. 모든 인간과 평화롭게 지내려고 노력해야 한다는 것이다. 우리와 의견을 달리하는 사람들을 존중하는 자세로 온유하게 대해야 한다. 다시 말하면, 하나님이 지은 모든 인간 피조물에게 경의를 표해야 한다는 뜻이다. 언젠가 한 사제로부터 교황 요한 28세가 이탈리아 추기경이었던 시절에 관한 이야기를 들은 적이 있다. 추기경이 어느 날 저녁 보좌신부와 함께 식사를 하는 자리에서 그로부터 망나니짓을 하는 다른 사제에 관한 보고를 받고 있었다. 훗날 교황이 될 그는 술잔으로 포도주를 조금씩 마시며 차분히 듣는 중이었다.

급기야 그 보좌신부가 불만을 토로하기에 이르렀다. "아니, 어떻게 이런 얘기를 그토록 차분하게 들을 수 있습니까? 이 사제가 어떤 짓을 일삼고 있는지 모르시겠습니까?"

추기경은 그 젊은 사제에게 부드럽게 물었다. "신부여, 이 잔은 누구의 것입니까?"

"당신의 것입니다, 각하" 하고 사제가 대답했다.

그때 추기경은 술잔을 바닥에 집어던져 깨뜨렸다. 그리고 "이제는 이 잔이 누구의 것입니까?" 하고 다시 물었다.

"여전히 당신의 것입니다."

"이 사제도 여전히 그리스도 안에서 내 형제입니다. 비록 깨어지고 부서지긴 했지만요." 추기경은 이렇게 대답했다.

하나님이 모든 인간을 창조하셨다. 깨어지고 부서진 사람들조차 여전히 그분의 예술품이다. 우리도 하나님처럼 다른 사람을 보는 훈련, 깨어진 모습까지도 귀하게 보는 영적인 훈련을 쌓을 필요가 있다.

공간을 만들라

크리스틴 폴은 그리스도인의 손님 환대에 관한 멋진 책에 「공간 만들기」(Making Room, 복있는사람에서 「손대접」이라는 제목으로 출간되었다)라는 안성맞춤의 제목을 붙였다. 이 제목의 이미지는 환대가 무엇인지를 잘 보여 준다. 손님을 환대한다는 것은 남의 필요를 위해 공간을 창조하는 일이다. 피곤한 사람에게 잠자리를 제공하고 우리의 음식을 나누기 위해 타인에게 식탁의 자리를 마련해 줄 때 우리는 환대하고 있는 것이다.

그런데 폴이 지적하듯이 '환대'(hospitality)란 단어가 최근에 그 본래의 의미를 잃고 말았다. 우리가 흔히 사용하는 '환대산업'은 '돈이나 신용카드를 소유하기만 하면 낯선 자에게도 열려 있는 호텔과 음식점'[4]을 가리키는 용어가 되었다. 진정한 환대는 경제적인 거래보다 더 깊은 차원의 일이다. 그것은 우리에게 높은 수준을 기대한다. 진정한 환대로 인해 우리는 공격을 받을 수도 있다. 예수님이 도무지 용납하기 어려운 생활방식과 생각을 가진 사람들에게 대접을 베풀었을 때 당시의 종교 지도자들에게 공격을 받았다. "바리새인과 그들의 서기관들이 그 제자들을 비방하여 이르되, '너희가 어찌하여 세리와 죄인과 함께 먹고 마시느냐?'"(눅 5:30) 물론 그 지도자들은 독선의 죄를 짓고 있었다. 그렇지만 우리는 그들의 염려를 어느 정도 이해할 수 있다. 환대를 제공할 때는 종종 위험을 감수해야 한다.

사람들을 환대하는 것은 공간을 만드는 일이라고 했는데, 문자적으로 그런 경우도 종종 있다. 하지만 공간 만들기의 유익을 은유적인 의미로 생각하는 것도 도움이 된다. 예컨대, 헨리 나우웬 신부의 일기에 나오는 한 대목은 기도 생활을 통해 어떤 생각과 염려가 의식화되는 과정을 묘사하고 있다.

기도는 내 마음을 청소하고 새로운 공간을 창조하는 유일한 길이다. 그 내면의 공간이 얼마나 중요한지를 나는 발견하는 중이다. 거기에 공간이 있을 때에만 타인의 많은 염려를 받을 수 있는 것 같다.…나는 다수를 위해 기도하며 그들을 친밀하게 느낄 수 있다. 감옥에서 그리고 북아프리카 사막에서 고통당하는 수천 명을 받을 만한 공간까지 있는 듯하다. 때로는 내 마음이 인도네시아를 여행하는 내 부모로부터 로스앤젤레스에 사는 친구들까지, 칠레의 감옥에서부터 브루클린의 교구까지 확장되는 듯이 느낀다. 물론 기도하는 건 내가 아니라 내 안에 계신 하나님의 영이란 것을 알고 있다.…그분이 친히 내 안에서 기도하시고 지금 여기에서 그분의 사랑으로 온 세상을 만지신다. 그 순간에는 "기도의 사회적 적실성 따위"에 관한 모든 질문이 쓸데없는 소리처럼 들린다.[5]

여기서 나우웬은 시민교양 영성 계발에 필요한 또 다른 중요한 요소를 지적하고 있다. 나는 앞에서 '예술품 감상법'—다른 사람을 하나님의 예술품으로 공부하는 일—이 감정 이입과 배우려는 정신이라는 영성 훈련의 한 방법이라고 역설했다. 하지만 기도로 보충할 필요가 있다. 우리는 타인을 위해 기도할 필요가 있다. 즉 하나님이 보시듯이 그들을 보게 해 달라고 기도할 뿐만 아니라, 하나님이 그들의 바람과 두려움에 우리의 마음, 곧 내면의 공간을 열어 주시도록 기도할 필요가 있다는 말이다.

하나님의 비판

영적인 환대는 또한 하나님이 우리의 내면을 응시하시는 것을 환영하는 걸 뜻한다. '환영'이란 말은 어쩌면 너무 긍정적인 용어인지도 모른다. 솔직히 나는 하나님이 내 사적인 장소를 응시하는 것을 환영하는 편이 아니다. 시편 기자처럼 "하나님이여, 나를 살피사 내 마음을 아소서"(시 139:23)라고 말하는 건 결코 쉬운 일이 아니다.

우리가 하나님께 허락하든 않든 그분이 우리를 살피신다는 사실을 아는 것도 유익하다. 내가 좋아하는 신학자이자 16세기 종교개혁가인 존 칼빈은 위대한 저술 「기독교 강요」(*Institutes of the Christian Religion*)의 초두에서 다음과 같은 중요한 주장을 편다. "하나님을 아는 지식과 우리 자신을 아는 지식은 너무나 많은 끈으로 묶여 있어서 어느 것이 앞서고 다른 것을 불러 오는지를 분별하기가 쉽지 않다." 이는 우리가 "먼저 하나님의 얼굴을 바라보지 않는" 한 결코 우리 자신에 대해 알 수 없다는 것을 뜻한다. 칼빈은 우리가 하나님의 뜻을 생각하지 않은 채 지낸다면 "우리 자신의 의로움에 상당히 만족하게" 될 것이라고 말한다. 그러나 "우리가 일단 하나님을 생각하고, 그분의 본성과 더불어 그분의 의와 지혜와 능력이 얼마나 완전한지를 묵상하기 시작하면" 우리가 완전히 용납할 만한 것으로 생각했던 것이 "가장 가련한 약점으로 입증될 것이다."[6]

이는 시편 139편에 나타난 시편 기자의 경험과 잘 들어맞는다. 그는 자신의 내면을 살펴 달라고 하나님을 초대하면서 자기 영혼의 창문을 하나님께 열어 준다고 생각한 것이 아니다. 하나님에게는 그 창문이 항상 열려 있음을 그는 알고 있다. 그의 초대는 사실상 하나의 기정사실을 인정하는 말이다. 시편 기자의 말 가운데 가장 중요한 것은 하나님께 "나를 영원한 길로 인도하소서"라고 부탁하는 대목이다(시 139:24). 우리 역시 하나님의 응시가 우리를 가르치고 우리를 새로운 길로 인도하도록 허용할 필요가 있다.

시민교양의 영성은 반드시 자기비판의 요소를 갖춰야 한다. 정직한 눈으로 우리 자신의 동기와 목적을 살펴보는 일이 필요하다. 이 일은 하나님이 우리 내면에서 일어나는 일을 우리에게 보여 주시는 것이 절실히 필요함을 인정할 때에만 가능하다. 그리고 우리는 하나님의 뜻을 바라보는 훈련을 시작한 만큼 이제는 "영원한 길로" 인도해 달라고 간청할 수 있다.

고통받는 자를 향한 마음

영성에 관한 이 짧은 논의에서 성경의 중요한 관심사 하나를 부각시키지 않을 수 없다. 하나님이 우리에게 심히 고통당하는 자들의 필요에 특별히 민감한 마음을 품도록 요구하신다는 것이다. 가난한 자와 억눌린 자를 돌보는 일이 시민교양의 최고의 표출은 아니겠지만, 고통당하는 자들의 필요에 열린 태도가 시민정신 함양과 중요한 관계가 있는 것은 분명하다. 우리가 가난, 불의, 질병, 폭력에 억눌린 사람들에게서 하나님의 형상이 모독당하는 모습을 목격할 때, 우리는 그보다 덜 혹독한 환경에서 그 형상을 분별하는 능력도 개발하고 있는 셈이다.

그리고 고통받는 자에 대한 관심은 우리의 영적 상태와 관계가 많다는 점을 잊지 말라. 내 동료 마크 래버튼(Mark Labberton)은 예배와 정의의 관계를 다룬 책에서 이 점을 강력하게 주장한다. 래버튼은 버클리 제일장로교회 목사로 일할 때 다음과 같이 시작하는 시편 27편에 관한 설교를 했던 이야기를 들려주었다.

> 여호와는 나의 빛이요 나의 구원이시니
> 내가 누구를 두려워하리요?
> 여호와는 내 생명의 능력이시니
> 내가 누구를 무서워하리요?

그가 그 주일에 설교한 내용은 "최소한 '괜찮은 설교'였고 어쩌면 꽤 좋은 설교"였다고 말한다.

그런데 며칠 후 그는 국제정의선교회(International Justice Mission)가 후원하는 한 행사에 참석하여 매우 감동적인 이야기를 듣게 되었다. 엘리자베스라는 어느 동남아시아 국가 출신의 젊은 여성이 있었는데 그녀는 독실한 그리스도인으로 어린 시절에는 자기 나라의 큰 도시에 있는 성경학교에 다닐 것을 꿈꾸던 사람이었다. 그런데 열여섯 살 때 납치를 당해서 성노예로 팔려 환락가에서 창녀로 일하게 되었다. 국제정의선교회는 엘리자베스의 곤경에 대해 듣고 그녀에게 자유를 얻게 해줄 수 있는 길을 찾았다.

그녀가 그 끔찍한 상황에서 해방되던 날 그들은 그녀와 함께 감방과 같았던 자그마한 방에서 몇 가지 소유물을 옮기는 일을 거들었다. 그러던 중에 벽에다 그녀가 모국어로 써 놓은 글귀를 보게 되었다. 그것은 지난 주일에 마크 래버튼이 설교했던 본문인 시편 27편의 첫 대목이었다.

여호와는 나의 빛이요 나의 구원이시니
내가 누구를 두려워하리요?
여호와는 내 생명의 능력이시니
내가 누구를 무서워하리요?

그녀의 이야기를 듣고 마크 래버튼의 예배 개념이 완전히 바뀌었다. 우리가 다 함께 예배를 드리려고 교회에 모일 때 엘리자베스와 같은 사람들이 창문도 없는 방에서 주님께 부르짖고 있다는 사실을 인식해야 한다. 래버튼은 이렇게 말한다. 우리가 마음과 생각으로 그들의 고난을 인식하는 가운데 "우리가 찾는 하나님, 우리가 부르는 찬양, 우리가 드리는 기도, 우리가 듣는 성경이 우리로 하여금 하나님의 마음속으로 더 깊이, 그리스도께서 위하여 죽은 세상 속으로 더 깊이 들어가게 해야 한다."[7]

예배에 관한 래버튼의 말은 우리의 영적인 삶 전반에도 적용되어야 한다. 우리가 기도할 때, 성경을 읽을 때, 묵상할 때, 하나님의 음성을 듣고자 하는 순간에 엘리자베스와 같은 신자들을 물론이고 세상에서 고통당하는 그녀의 비그리스도인 동료들의 처지를 결코 잊어서는 안 된다. 우리는 그들에게 그리스도인다운 환대를 베풀어야 한다. 타인의 바람과 두려움에 대해 '공간을 만들어 줘야' 한다는 말이다.

7. 다원주의의 장점

그리스도인이 다른 이들에게 열려 있어야 하는 이유는 그것이 하나님의 뜻이기 때문이다. 이것이 바로 내가 주장해 온 바다. 그렇다면 우리는 얼마나 열려 있어야 하는가? 우리는 오늘날 다양한 생활 방식과 다양한 사고 체계 속에서 살고 있다. 이런 가운데 우리 마음이 사방으로 흩어져서 결국에는 우리의 중심까지 상실할 위험이 있지 않은가?

이것은 중요한 문제다. 현대의 다원주의는 우리가 우려할 만한 많은 요소를 가지고 있다. 하지만 기독교적 관점에서 볼 때 매우 긍정적인 요소를 많이 가지고 있는 것도 사실이다.

내가 복음주의자들에게 다원주의라는 주제에 대해 좀더 명료하게 생각하도록 촉구하고 있다고 말하면, 사람들은 흔히 나를 격려하면서 이런 식으로 말하곤 한다. "우리는 갈수록 다양해지는 우리 사회에 더 잘 대처하는 법을 배울 필요가 있어."

'대처하다'라는 말이 언제나 나의 주목을 끈다. 그러면 즉각 그런 생각에 도전하고 싶어진다. 우리는 마지못해 수용하는 수밖에 없다는 식의 뉘앙스를 풍기기 때문이다. 하지만 나는 그냥 넘어간다. 왜 그리스도인들이 대처하는 일에 관해 얘기하는지 그 이유를 알고 있기 때문이다. 그들이 염두에 두고 있는 것은 우리 주변에서 일어나는 온갖 이상한 현상들이다. 요즈음은 아무리 괴상한 아이디어나 행습도 유명한 사람들에 의해 쉽게 인정받을 수 있는 시대다. 우리가 통상적으로 접하는 다양한 세계관과 생활 방식은 얼마든지 우리를 어리둥절하게 만들 소지가 많다. 그리고 우리가 그런 상태에 빠지면 '대처할' 능력을 갖추는 것이 우리가 바랄 수 있는 최선의 방책일 것이다.

그런데 다원주의란 상당히 모호한 개념이다. 이 용어는 현대 사회를 분석하는 이들에 의해 여러 다양한 방식으로 사용된다. 그리고 '다원주의적'이라고 불리는 모든 것이 기독교적 관점에서 볼 때 반드시 나쁜 것은 아니다.

다원주의는 '많은-주의'(many-ism)다. 우리는 이 단어를 일종의 다양성을 가리키는 데 사용한다. 그 다양성에 우리가 어떻게 반응할 것인지는 우리가 어떤 유의 '많음'(many-ness)을 지목하느냐에 달려 있다. 어떤 경우에는, 다원주의가 그저 대처해야 할 어떤 것이 아니라 경축해야 할 대상이 된다.

하나님과 다양성

어느 신학자 모임에서 다른 행성에 생명체가 존재하는지 여부에 대해 대화를 나눈 적이 있다. 나는 그때까지 이 주제를 심각하게 고려한 적이 없었기 때문에, 한 존경받는 신학자가 우주의 다른 어딘가에 지성을 갖춘 생명체가 존재할 가능성이 있다고 열렬하게 주장하는 것을 보고 무척 놀랐다. 내가 그에게 질문을 계속하자 그는 무척 사려 깊은 대답을 했다. "나는 하나님이 무한한 상상력을 지닌 분이라고 믿습니다. 그렇지 않나요? 만일 그렇다면 하나님이 우리의 눈에 비치는 것에만 창조 사역을 한정하셨다고 추정할 필요가 있습니까?" 이 논점은 충분히 숙고할 만한 것이다. 그리고 우리는 그것을 우리 세계 안에 존재하는 다양성의 문제에도 적용할 수 있다. 하나님은 우리 주변에 보이는 피조물을 창조하신 것만으로도 이미 풍부한 상상력을 입증하셨다.

남아프리카공화국에서 아파르트헤이트(남아공의 인종 격리 정책) 시대에 두드러진 지도자로 활약했던 정치인 닉 디데리히스(Nic Diederichs)는 상당히 도발적인 발언을 한 적이 있다. 하나님은 천편일률적인 획일성을 싫어하신다고 말한 것이다. 내가 그 발언을 좋아한다는 점을 별로 시인하고 싶지는 않은데, 디데리히스는 남아프리카 공화국에서 인종 차별 이데올로기를 만드는 데 기여한 왜곡된 사상가였기 때문이다. 그는 인종별로 '분리된 개발'을 옹호하면서 하나님은 많은 다양한 인종이 존재하는 것을 원하신다고 주장했다. 그래서 인종 간의 혼합을 허락해서는 안 된다는 것이다. 하나님이 갈라놓으신 것을 누구도 짝지어서는 안 된다![1]

디데리히스의 의도가 불순하다고 해서, 그의 신학적 전제에 담긴 진리를 놓쳐서는 안 된다. 성경의 하나님은 실제로 천편일률적인 획일성을 싫어하시는 것 같다. 이를테면 나는 창세기 1장의 창조 기사를 읽을 때마다, 하나님이 말씀으로 이 세계의 풍부한 다양성을 창조하시면서 기쁨을 표현하시는 것에 놀라곤 한다. 장차 만물이 '번성'할 것을 내다보면서 하나님의 기분은 쾌활하기 그지없는 듯하다. "물들은 생물을 번성하게 하라!" "생육하고 번성하여 여러 바닷물에 충만하라. 새들도 땅에 번성하라!" "땅은 생물을 그 종류대로 내라!"(창 1:20, 22, 24)

하나님은 무한한 상상력을 가지고 계신다. 그분은 다양성을 좋아하신다. 그렇기 때문에 어떤 그리스도인도 다양성 그 자체를 반대할 수는 없다. 특정한 종류의 '무리 짓기'는 하나님이 기뻐하시기 때문이다.

우리가 다원주의 문화에서 살고 있다는 것은 우리가 다원성에 둘러싸여 있다는 말이다. 다시 말하건대 많음 자체는 나쁜 것이 아니다.

그렇지만 많음 자체가 반드시 **좋은** 것도 아니다. 이 점에서 닉 디데리히스가 빗나갔다. 그는 하나님이 다양성을 좋아하신다고 지적한 다음, 다양한 인종끼리 서로 섞이고 결합하는 것을 하나님이 싫어하신다는 잘못된 개념을 슬그머니 주입시키려 한다.

우리는 많음을 긍정할 때 분별력을 지녀야 한다. 어떤 다양성은 하나님을 기쁘시게 하지만, 그렇지 못한 것도 있다. 하나님은 다양한 동물에 대해 기뻐하신다. 즉 단조로운 하나의 획일적인 종보다 매우 다양한 종류의 동물을 더 좋아하신다는 말이다. 그러나 다른 한편으로, 하나님은 아주 다양한 종류의 질병 혹은 다양한 형태의 인간 부패상에 대해서는 기뻐하시지 않는다. 이 타락한 세상은 그분이 싫어하는 여러 가지 것들을 '무리 지어' 창출한 것이다.

다원주의적 의식

이 세상에는 언제나 많은 '무리'가 존재해 왔다. 그런 의미에서, 많음에 대처하는 일은 새로운 경험이 아니다. 하지만 오늘날 우리가 경험하는 다원주의에는 새로운 면모가 있는 것도 사실이다. 많은 학자들은 다원주의적 의식이 현대 생활의 독특한 특징에 속한다고 주장한다.

그렇다면 현재 우리가 접하고 있는 다원주의가 새로운 까닭은 무엇인가? 그것은 우리가 소위 **선택의 문화**에 파묻혀 있다는 사실이다.

중세에 서유럽에서 살았던 여자를 한번 생각해 보라. 그녀는 농사를 짓는 기독교 가정에서 태어났고, 자신의 삶을 어떻게 살아갈 것인지에 대해 선택의 여지가 거의 없었다. 아마 결혼을 해서 자식을 낳을 것이다. 그 밖의 대안이라고는 성직에 몸담는 것이 전부였으리라. 그리고 자기가 태어난 집에서 30킬로미터 이상 여행하는 일은 없을 것이다. 부유한 자들이 즐기는 사치품을 향유할 가능성도 없을 것이다. 종교적인 사안에 대한 자신의 의견과 태도가 어떠하든 간에 교회에 정기적으로 참여할 것이며, 어떤 교회에 다닐 것인지에 대해서도 의문의 여지가 없을 것이다. 왜냐하면 다른 대안이 없기 때문이다.

어떤 사람이 될 것인지를 **선택한다**는 것 자체가 전혀 생각할 수 없는 것이었다. 그녀는 자신에게 주어진 위치에 단단히 고정되어 있었다.

종교개혁 시대에 이르러 상황이 변하기 시작했다. 한 가지 분명한 차이점은, 갈수록 많은 사람이 어떤 형태의 종교(혹은 비종교)를 수용할지에 대한 선택의 기로에 서게 되었다는 점이다. 지리적인 유동성이 더욱 증가되었고, 일부 사람의 경우 기존의 경제 계층에서 다른 계층으로 옮기는 것도 가능해졌다. 새로운 기술직과 전문직이 등장하면서 다수에게 직업은 의식적인 고려 사항이 되기에 이르렀다.

오늘날에는 선택의 범위가 너무 넓어서 양적인 용어로만 그동안의 변화를 묘사하는 것은 부적절하다. 선택은 하나의 생활 방식이 되었다. 현재의 직업을 계속 유지하고 싶은가, 아니면 전혀 다른 직종으로 바꿀 것인가? 어느 지방에서 살 것인가? 아니 아예 다른 나라로 떠나 버릴까? 다음에는 세계의 어느 지역을 방문할 것인가? 다음 배우자는 어떤 유형이면 좋을까? 어떤 종교가 내 필요를 가장 잘 채워 줄까?

일견 무한한 선택의 바다에 빠져 있는 것 같은 느낌, 이것이 다원주의적 의식 상태다. 그리고 이처럼 다수의 대안을 인식하는 것이 전적으로 나쁜 것은 아니다. 우리는 오늘날 모든 것을 아무나 손에 넣을 수 있다는 사실이

맘에 들지 않을 수도 있다. 그러나 분명 우리는 가장 귀하게 여기는 것과 관련해서는 선택의 여지를 원한다. 그리스도인이 자신의 뜻대로 하나님을 예배하고 깊은 확신에 따라 삶을 영위할 자유를 누린다면, 그것은 사실상 다원주의적 의식에 대해 기뻐하는 것이다.

다원주의와 우상 숭배

누군가가 '우리 다원주의 사회'라고 말한다면, 먼저 그가 무슨 의미로 그런 말을 하는지 알아야 그에 제대로 반응할 수 있다. 이 말은 사실 여러 다양한 방식으로 사용되기 때문이다. 그 의미를 여기서 모두 정리할 수는 없다.[2] 하지만 가장 많이 사용되는 두 가지 형태의 다원주의를 그리스도인이 어떻게 평가해야 할지 간단하게 살펴보는 것이 좋겠다.

첫째 형태는 흔히 어떻게 '대처할지' 고민하는 이들이 염두에 두고 있는 것이다. 그들은 주변에 있는 즐비한 **세계관들과 가치 체계들** 앞에서 당황한다. 그의 귓가에는 놀라울 정도로 많은 철학과 이념과 종교들의 공존을 경축하는 소리가 들린다. 불교, 이슬람교, 여호와의 증인, 급진적 페미니즘, 해체주의, 비교(秘敎), 뉴에이지, 자유주의, 보수주의, 신(新)보수주의 등. 사실 난감해질 만도 하다.

하나님은 어떠실까? 창조주이신 그분도 이런 유의 다원주의가 거슬리실까? 우리가 성경을 진지하게 고려한다면 그렇다고 말하지 않을 수 없다. 즉 하나님은 이런 유의 다양성을 좋아하지 않으신다는 말이다. 하나님이 승인하지 않으시는 이유는 앞에서 무례함에 대한 원인을 논의할 때 언급한 바 있다. 하나님은 **우상 숭배적** 다원주의를 찬성하지 않는 분이다.

각 세계관 혹은 가치 체계는 실재와 선(善)이 무엇인지에 대해 나름의 그림을 제시한다. 그리고 오늘날 우리 앞에 수많은 선택안이 제시되기는 하지만 근본적인 쟁점은 무척 단순하다. 즉 실재와 선에 대한 당신의 견해가 성경에 제시된 것처럼 하나님 중심이든지 그렇지 않든지 둘 중 하나다.

당신의 그림이 성경의 하나님을 중심에 두고 있다면 그것은 정확한 그림이다. 만일 다른 어떤 것 혹은 어떤 존재를 중심에 두고 있다면 그것은 우상 숭배다. 이들이 성경이 규정하는 가장 기본적인 두 가지 대안이다.

그렇다고 우상 숭배자가 우리에게 가르쳐 줄 것이 전혀 없다는 뜻은 아니다. 이에 대해서는 앞에서 논의한 바 있지만 나중에 다시 다루게 될 것이다. 또한 우리가 정치적 수단을 동원하여 우상 숭배적 다원주의를 말살해야 한다는 뜻도 아니다. 거짓에 대항하는 가장 효과적인 방법은 **진리의 능력을 증거하는 것**이다.

사람들이 자기 신념에 따라 살 권리가 보장되는 완전히 민주적인 사회야말로 기독교의 복음 전도와 가르침을 펼치기에 가장 좋은 장이다. 만일 다양한 관점들이 각기 자기 입장을 표명할 수 있는 권리가 있다면, 우리 관점도 그런 권리를 가진 셈이다. 그렇다면 종교적 다원주의를 장려하는 정치 체계를 세우는 것이 우리에게 유리하다고 말할 수 있다.

문화적 다양성

사람들이 '우리 다원주의 사회' 하고 운운할 때는 또 다른 종류의 '무리'를 염두에 두고 있는 경우도 있다. 이 경우는 세계관과 가치 체계의 다원성을 가리키는 것이 아니라 내가—더 적합한 용어가 없기에—**문화적 관점**이라고 부르는 것의 다양성을 말하는 것이다. 여기서 문제가 되는 것은 실재에 대한 다양한 **견해들**(views)이 아니라 세계에 대한 다양한 **조망들**(viewings)이다.

우리 모두는 하나의 문화적 '장소'에 서 있다. 우리의 안목은 인종, 종족, 지역, 언어, 경제적 지위, 성 등과 같은 요인에 의해 형성된다.

이런 것들은 우리가 실재를 해석하는 방식에 영향을 미친다. 그러나 이런 차이를 진리와 선의 문제로 평가하면 안 된다. 미네소타 주 출신의 스웨덴계 미국인 시골 여성이라는 점과 멤피스 출신의 아프리카계 미국인 도시 남성이라는 점은 진리와 선의 저울 위에서 그 '비중'이 다르지 않다. 진리와 선의 문제는 세계관의 차원에서만 타당성이 있다. 내가 상대방을 '달아 보기' 시작하는 때는, 이를테면 멤피스 출신의 남성이 무주택자를 위한 침례교단 사역을 주관하고 미네소타 출신 여성이 '자유사상가들'을 위한 지역 신문을 편집하고 있다는 사실을 알게 될 때다.

물론 어떤 것이든 우상이 될 소지가 있다. 인종, 성, 경제적 지위 등도 마찬가지다. 하지만 이 가운데 어느 것도 '본래' 우상인 것은 없다.

나는 문화적 관점의 다양성에 대해 나름의 신학적 직감이 있다. 그와 같은 차이는 처음부터 하나님의 선한 계획 속에 포함되어 있었을 것이다. 성적인 차이는 태초부터 존재했음이 분명하다. "하나님이…남자와 여자를 창조하시고"(창 1:27). 하지만 다른 차이―인종과 종족, 지리적 기질 등의 다양성―도 하나님이 염두에 두고 계시지 않았나 추정된다.

어떤 신학자들은 이것을 '하나님의 형상'이라는 개념의 일부라고 주장해 왔다. 그들은 각 사람이 하나님의 형상을 좇아 창조되었을 뿐 아니라 인류 전체가 **집합적** 의미에서 하나님의 형상을 가지고 있다고 주장한다. 따라서 지구상의 풍부한 문화적 다양성은 어떤 개인이나 집단이 홀로 반영할 수 없는 하나님의 찬란한 영광을 드러내고 있다는 것이다.

나는 이 아이디어를 좋아한다. 그런데 우리가 창조세계에 대해 어떤 이론을 가지고 있든 간에, 구속의 문제와 관련해서 하나님이 문화적 다양성을 어떻게 생각하시는지에 대해서는 이론의 여지가 없다.

하나님은 예수 그리스도의 속죄의 피를 통해 새로운 인류 공동체를 이루고 계신다. "그러나 너희는 택하신 족속이요, 왕 같은 제사장들이요, 거룩한 나라요…너희가 전에는 백성이 아니더니 이제는 하나님의 백성이요"(벧전 2:9-10). 그리고 이 새 공동체를 이루는 단위는 세상에 있는 다양한 문화적 집단들이다.

물론 죄로 얼룩진 세상에서 문화적 다원주의는 다른 종류의 다원주의와 거의 분리될 수 없는 것이 사실이다. 예를 들면 문화적 다원주의는 보통 세계관 및 가치 체계의 다양성과 얽혀 있는 실정이다.

그러나 인간의 다양성은 하나님 보시기에 무척 귀한 것이기에 우리는 그 얽힌 것을 풀고자 노력하지 않으면 안 된다. 성경의 계시에 비추어 문화적 차이를 긍정적으로 인식하는 법을 배우는 것은 그리스도 안에서 성숙하는 데 중요하고도 필수적인 부분이다. 이런 태도는 복음 전도의 과업에도 핵심적인 요건이다. 우리는 다른 문화에서 살고 있는 사람들에게 복음을 전하되 문화적 다양성을 파괴해서는 안 되는 것이다.

그러므로 하나님이 좋아하시는 다원주의가 적어도 한 가지는 있는 셈이다. 하나님은 문화적 다양성에 대해 깊은 관심을 가지고 계신다. 따라서 그리스도인은 문화적 차이 자체로 인해 위협을 느낄 필요가 없다. 그런 차이는 없애야 하는 것이 아니라 성화되어야 하는 것이다. 바로 이런 다원주의—각 문화적 집단이 신적 모자이크의 아름다움에 기여한다는 점을 인식하는 것—가 천상의 합창단을 감동시켜 어린 양을 위한 기쁨의 찬송을 부르게 한다.

두루마리를 가지시고 그 인봉을 떼기에 합당하시도다. 일찍이 죽임을 당하사

각 족속과 방언과 백성과 나라 가운데에서 사람들을 피로 사서 하나님께 드리시고 그들로 우리 하나님 앞에서 나라와 제사장들을 삼으셨으니 그들이 땅에서 왕 노릇 하리로다. (계 5:9-10)

우리도 이 땅에서 하나님의 피조물인 인간의 다양성을 마주할 때 이에 못지않은 긍정적인 자세를 취하지 않을 수 없다. 그런 정신을 함양하는 것은 시민교양 면에서 우리가 성장하는 데 필수불가결하다. 이는 또한 천국에 들어가는 데 필요한 준비 과정이기도 하다.

8. 시민교양과 성(性)

성이라는 주제를 놓고 교양 있게 말하는 것은 오늘날에는 지극히 어려운 일이다. 나는 이 점을 잘 알고 있다. 내 나름대로 최선을 다했다고 생각했는데 실망스러운 결과만 초래한 경험이 있기 때문이다. "뉴스위크" 2월 9일 자 객원 칼럼에 글을 기고한 적이 있다. 그 글을 쓰게 된 계기는 전해 11월 캘리포니아 주 선거일의 아침에 내가 목격했던 어떤 사건이었다.

오전 8시경 출근길에 자동차로 중심가를 지나가다가 신호등에 걸려 서 있는 동안, 반대편 길에 두 집단이 피켓을 들고 있는 광경을 목격했다. 한 집단은 동성결혼을 금지하는 법안 발의를 지지하는데 반해, 다른 집단은 그 금지 법안을 반대하는 입장이었다. 피켓에 쓰인 메시지들은 각 입장의 열정을 충분히 보여 주고 있었음에도, 혹시 건너편에 있는 사람들이 놓칠까 봐 모욕적인 몸짓까지 하면서 서로를 향해 성난 고함을 퍼붓고 있었다.

이 광경을 보면서 나는 흐느껴 울기 시작했다. 그들의 강력한 견해들이 잘못되었다고 생각했기 때문이 아니다. 나는 그 주제에 대해 깊은 확신을 갖고 있었고, 금지하는 쪽으로 투표했다. 나는 동성 간의 동반자 관계에 결혼의 위상을 부여하는 걸 반대하는 입장이다. 내가 슬펐던 것은 그런 행태가 오늘날 이슈를 다루는 우리의 전형적인 모습을 보여 주었기 때문이다.

말로 할 수 없을까?

그래서 나는 "뉴스위크"에 "고함은 줄이고 말로 합시다"란 제목의 글을 쓴 것이다. 내가 그날 아침 목격한 것을 얘기하며 성난 고함과 주먹을 휘두르는 모습이 나를 슬프게 했다고 설명했다. 아울러 나는 성경의 가르침에 근거해 그 주제에 대해 '보수적인' 견해를 가진 사람으로서 민주적 과정이 주도하는 다원주의 사회를 적극 지지한다는 입장을 밝혔다. 나는 나의 종교적 견해를 다른 모든 사람에게 강요할 마음이 없다. 그러나 이 경우에는 동성결혼이 우리 사회의 전반적인 건강에 미칠 영향이 우려된다고 말했다.

이어서 공적인 토론석상에서 일어나길 바라는 바를 피력했다. 먼저 결혼한 부부나 가까운 가족들이나 친구들 사이에 심각한 말다툼을 하는 경우에 흔히 일어나는 일을 지적했다. 양편의 분노가 점차 커지다가 심한 상처를 주는 말을 서로 내뱉기 시작한다. 그러다가 결국에는 씩씩거리며 그만둔다.

그러나 잠시 후 그들 중 하나가 상대방에게 돌아와 나지막한 목소리로 "이제 말로 합시다"라고 간청하듯 말한다. 그러고는 이런 식으로 말하기 시작한다. "내가 정말 말하려고 했던 것은…"이라든가, "내가 잘못 표현한 걸 알고 있어요. 당신에게 말하고 싶었던 것은 사실…"이라고 말한다.

이것이 내가 "뉴스위크" 칼럼에서 호소한 내용이었다. "이제 말로 합시다." 내가 게이와 레즈비언 시민들에게 정말 말하고 싶은 것은—그중에는 내 친구들도 있다—동성결혼 옹호자들이 우리에게 요청하는 일에 대해 진심으로 우려하고 있다는 사실이다. 예컨대, 내가 '언어폭력'을 동원하지 않고는 그 주제에 대해 내 견해를 얘기할 수 없는 날이 곧 올 것이라는 두려움

같은 것이다. 아울러 많은 그리스도인들처럼 나 역시 우리의 자손이 몸담게 될 세상에 대해 크게 우려한다. 학교에서 그들에게 성과 가족과 같은 가치들에 대해 무엇을 가르치겠는가? 그런 견해를 가진 사람들의 이미지가 미디어와 연예계를 어떻게 장식하겠는가?

그리고 이어서 불가피하게 따라오는 큰 질문들이 있다. 그다음은 무엇인가? '복수 결혼'을 합법화하는 것? '성인 남자-소년 애정 협회'의 요구 사항을 진지하게 여기는 것? 우리가 이런 가능성에 대해 얘기하자고 하면 싫어하는 사람들이 많다. 그러나 이런 것이 우리의 우려 사항이므로 동성결혼 지지자들은 적어도 합리적인 응답을 할 필요가 있다고 생각한다.

내가 받은 반응 가운데는 내 견해에 찬성하는 사람들의 지지 표명이 몇 개 있었다. 반면에 내 견해에 반대하는 이들로부터 온 비평이 대다수를 차지했다. 좋은 소식은 그들 중 일부가 나의 대화 요청을 받아들였다는 사실이다. 이들은 예의를 갖추어 부드럽게 논박했다. 그중에는 성장 과정에서 기독교 공동체로부터 상처를 받은 아주 슬픈 이야기들도 있었다.

그러나 대단히 무례한 반응이 압도적으로 많았다. 그중 일부는 언어폭력에 가까웠다. 이런 경험으로 인해 나의 시민교양에 대한 전망이 훨씬 어두워지고 말았다. 그렇지만 하나님이 우리에게 계속 노력하라고 촉구하신다는 확신에는 변함이 없다. 우리와 의견을 달리하는 사람들의 마음과 생각을 우리가 바꿀 수 없을지 모른다. 그러나 그 선거일 아침에 길 양쪽에서 성난 목소리로 고함을 치는 사람들이 있었다는 것은 엄연한 사실이다. 그들 중 일부는 내 견해와 비슷한 신념을 가진 그리스도인이었을 것이다. 그래서 우리 사이에 시민교양에 관해 얘기하는 것도 괜찮은 출발점이란 생각이 든다.

성의 중요성

"복음주의자라는 당신네들은 도대체 정체가 뭡니까? 당신들은 온통 사람들의 성생활에 사로잡힌 사람들 같아요. 포르노, 동성애, 낙태, 이혼, 혼전 성교, 간음 등등. 당신들이 신경 쓰는 사회 문제는 순전히 이런 것들이죠. 모든 사람의 성적 기능과 재생산 활동을 줄곧 규제하려는 일 말고는 더 관심을 기울일 만한 일이 없나요?"

나는 이런 불평을 종종 듣는다. 그리고 그 말에 일리가 있음을 즉각 인정한다. 복음주의 개신교도들—또한 로마 가톨릭, 모르몬교, 정통 유대교와 같은 보수적인 종교 집단들—의 사회적 관심사는 성과 출산 문제에 너무 초점을 맞추고 있는 것 같다. 우리는 인종 차별이나 경제적 억압 혹은 환경 파괴 등에 대해서는 그만한 관심이 없다는 인상을 풍긴다. 참 안타까운 현상이다.

하지만 성 문제에 대한 집중된 관심이 잘못되었다고는 생각하지 않는다. 성은 타고난 우리 본성의 아주 중요한 측면이다. 성경의 앞부분은 이 점을 분명히 밝히고 있다. 남자와 여자에게 하나님이 제일 처음 하신 말씀은 "생육하고 번성하라"(창 1:28)는 것이었다. 그리고 아담과 하와가 금지된 열매를 먹은 다음 가장 먼저 한 일은 자기들이 벌거벗었음을 깨닫고 몸을 가리려 했던 것이다.

성과 출산은 인간이 펼치는 드라마에서 기본 역할을 담당한다. 우리 인간은 복잡하고도 취약한 존재이며, 이 복잡성과 취약성이 성의 영역에서보다 더 분명하게 드러나는 곳은 없다. 성과 관련하여 옳고 그름을 근본적으로 혼동하는 사회는 결코 건강한 사회가 될 수 없다. 성적 순결에 대해 임의적인 태도를 갖고 있는 지도자는 다른 책임 영역에서도 신뢰할 수 없을 것이다. 강하고 믿음직한 가족 간의 유대감을 체험하지 못한 아이들은 강하고 믿음직한 시민으로 성장할 가능성이 희박하다.

이것이 내 관점이다. 내 말을 듣고 어떤 이들이 내가 성에 대해 지나치게 우려한다고 비난한다면, 글쎄 그 불평을 안고 살아가는 수밖에 없을 것이다. 이 주제에 대해 내가 강한 신념을 가지고 있는 만큼, 성에 대해 정중한 태도를 가지기가 무척 어렵다.

그러나 그것이 불가능하지는 않다. 이 인간 존재의 중요한 측면에 대한 내 신념을 희생하지 않으면서도 성적 영역에서의 교양을 더욱 개발하고자 노력할 수 있다. 그리고 나는 그런 노력을 기울이는 것이 무척 중요하다고 생각한다. 확신 있는 그리스도인은 성적 가치관이 한 사회의 건강에 중요하다고 생각하는데, 이는 바른 사고방식이다. 그렇다고 우리 입장을 주장하고 알리는 데 성공했다는 말은 아니다. 아니, 이 점에서는 사실 성적이 형편없다.

'정상적인' 성?

몇 년 전 어떤 교단 집회에서 있었던 동성애 논쟁을 참관한 적이 있다. 한 목사가 일어서더니 자기가 동성애 행위를 얼마나 강력하게 반대하는지 만인에게 공포했다. 그는 자기 입장을 이런 식으로 밝혔다. "우리 정상인들은 동성애자들에게 그들이 하나님 보시기에 얼마나 혐오스러운 행동을 하고 있는지를 알려야 합니다."

이 목사의 성경 해석에 대해서는 나도 기본적으로 동의했지만, 그의 발언이 크게 거슬렸다. 나는 당장 일어나서 그가 성적인 존재로서 얼마나 '정상적인지' 묻고 싶었다. 그리고 최근에 함께 대화를 나누었던, 은퇴를 앞둔 어떤 경건한 목사가 생각났다. 그분은 젊은 동료 목사의 간음 사건이 발각

된 것에 대해 얘기하면서 이런 말을 했다. "나는 스스로를 의롭다고 생각할 이유가 전혀 없습니다. 내 성적인 내력이 공개된다면 아주 큰 스캔들은 없을 겁니다. 성직을 박탈당할 만한 그런 전과는 없습니다. 그럼에도 나는 몹시 부끄러울 것입니다."

우리 중 많은 이들이 이 같은 자기 평가에 동감할 것이라 생각한다. 우리는 사실 자신의 성적 생활을 아주 '정상적'이라고 느끼지 않는다. 그 이유를 성경이 말해 준다. 우리는 타락한 시대에 비정상적인 인간 상태로 살고 있기 때문이다. 그리고 우리 본성의 중심을 차지하고 있는 우리의 성이 그런 비정상적 상태를 독특한 방식으로 보여 주는 것이다.

타락한 피조물인 우리는 스스로가 비정상임을 알고 있음에도 그것을 시인하고 싶지 않기 때문에 온갖 어휘를 만들어 그것을 가장한다. 성적 지향을 지칭하는 데 사용하는 언어 체계를 보라. 우리는 어떤 이들을 '게이'(gay)라고 부르며, 이와 다른 사람들은 '스트레이트'(straight)라고 부른다. 두 용어가 다 기만적이다. '게이'라는 단어는 동성애 행위를 하는 자가 행복하고 태평스러운 삶을 누리고 있다는 인상을 준다. 그러나 에이즈가 그토록 많은 동성애자의 삶에 두려움과 고통과 슬픔을 몰고 온 이 시대에, 그것은 전혀 사실과 다르다.

'스트레이트'라는 단어도 별로 적합한 용어가 아니다. 나는 동성애자가 아니지만 한 인간으로서 아주 '똑바르다'고 느끼지도 않는다. 나는 타락한 피조물, 곧 굽고 비뚤어지고 깨진 존재다. 이런 상태는 내 성을 포함한 삶 전체에 영향을 미치고 있다.

동성애자라고 반드시 유쾌한 것이 아니다. 그리고 그 나머지 사람들이 꼭 똑바른 것도 아니다. 우리는 모두 깨지고 비뚤어진 자들이다. 그리스도인은 이 점을 인정하며 부끄러워할 필요가 없다. 우리 대다수는 아직 온전히 '정상적인' 사람으로 변모되지 못했지만, 그것을 향해 가는 도중에 있는 자들이다. 예수님이 다시 오실 때 "그가 나타나시면 우리가 그와 같을 줄을 아는 것은 그의 참모습 그대로 볼 것이기 때문이니"(요일 3:2). 그때가 이르기까지 깨진 성에 대해 어떻게 해야 할지 우리는 알고 있다. 십자가로 나아가 자비와 치유를 간구하는 것이다. 우리는 이런 체험을 통해 다른 성적인 죄인들에게도 우리와 함께 십자가로 나아가자는 메시지를 전할 수 있다.

성적 교양을 위한 지침

성적 교양을 쌓으려면 상당한 노력이 필요하다. 애써야 얻을 수 있다는 말이다. 그 과정에서 우리에게 도움이 될 만한 몇 가지 지침은 다음과 같다.

성적으로 자기비판적인 자세를 취하라. 우리는 대부분 자기가 성적으로 '정상적인' 모델이라고 내세울 만한 권리가 없는 사람들이다.

이 점을 강조하는 것이 위험하다는 것을 알고 있다. 많은 그리스도인이 자신의 성적 타락 상태를 너무나 잘 인식하고 있기 때문이다. 온통 성적인 죄책감과 수치심에 사로잡힌 채 살아가는 사람들의 이야기를 우리는 알고 있다. 그렇다면 우리 자신의 성적인 죄를 주의 깊게 주시하라고 주장하는 것은 아주 위험한 발상이 아닌가?

물론 그것은 정말 위험한 일이다. 그러나 그리스도인에게 그런 문제에 대해 우려하지 **말라**고 권고하는 것도 위험하기는 마찬가지다. 성적인 죄에 대한 강박은 건강한 것이 아니다. 하지만 성과 관련해서는 아무런 죄책감도 느껴서는 안 된다고 생각하는 것 역시 건강하지 못하다.

우리에게 필요한 것은 자신의 성에 대해 정직한 관점을 갖는 것이다. 그것이 간음한 여인을 처벌하려 했던 성적 위선자들에게 예수님이 말씀하신 메시지다. "너희 중에 죄 없는 자가 먼저 돌로 치라"(요 8:7).

지나친 단순화를 피하라. 성적인 문제를 다룰 때 아주 단순한 범주를 사용하는 그리스도인이 많다. 어떤 그리스도인들이 동성애에 대해 이렇게 말하는 것을 들은 적이 있다. "제가 가진 성경은 하나님이 아담과 스티브가 아니라, 아담과 하와를 창조했다고 말합니다."

물론 이 한 문장이 정당한 논지를 전달하고 있음은 분명하다. 나도 그 설교자와 같이, 창조주께서 이성 간의 결혼 관계 안에서 성적인 친밀함을 나누도록 의도하셨다고 믿는다. 그러나 이 심오한 가르침을 빈정대는 어투로 표현해서는 얻을 것이 거의 없다.

우리가 집합적으로 지은 성적인 죄를 기억하라. 어떤 이들은 'fag'와 'faggot'이라는 단어가 동성애자를 지칭하게 된 것은, 중세에 마을의 횃불을 지필 연료로—말하자면 장작 묶음(fagot)으로—사용하려고 동성애자로 알려졌거나 혐의를 받은 사람들을 끌어모은 관습에서 유래한 것이라고 한다. 이것의 사실 여부는 잘 모르겠지만 그럴 가능성이 있다. 과거에 그리스도인들이 동성애자를 말할 수 없이 잔인하게 대했던 것은 사실이다. 그것은 참으로 나쁜 짓이다.

우리 그리스도인은 도덕적 기억 상실증이라는 전염병을 앓고 있는 것 같다. 우리는 과거에 대한 기억을 배제한 채 중요한 쟁점들을 논하곤 한다. 페미니즘을 비난하는 그리스도인 중에는 그동안 기독교 공동체 안에서 여성들이 얼마나 끔찍한 대우를 받았는지 인식하지 못하는 이들이 많다. 기독교 지도자들은 '분리하지만 평등하게'(separate but equal, 백인이 흑인을 차별하는 구실로 쓰는 말—역주) 정책을 지지하면서, 마치 기독교 공동체가 언제나 그런 관점을 가지고 있었던 것처럼 말한다. 그러나 사실은 여자가 남자보다 열등한 존재로 인식되어 온 것이 관행이었다. 많은 여성이 그리스도인 아버지와 남편에게 심한 학대를 받아 왔다. 우리는 오랜 세월 동안 그리스도인 여성이 하나님께 받은 은사를 계발하고 사용할 권리를 부정해 왔다. 심지어는 그런 은사의 활용이 '머리됨'과 아무 관계가 없는 경우에도 그랬다.

요즈음에는 사람들이 아무 거리낌 없이 자기 성생활에 대해 이야기한다. 그런 이야기들 중에는 내 신경을 건드리는 것도 많다. 어떤 것은 또 다른 형태의 성적 문란인 것 같아 나를 놀라게 한다. 지금은 성행위의 가장 세세한 부분까지 공공연하게 떠벌려도 괜찮은 세상이다. 그렇다고 성적 문제를 허심탄회하게 털어놓는 것이 모두 나쁘다는 말은 아니다. 오랜 세월 동안 성적 억압이 지배했던 과거 역사를 감안하면, 개인적으로나 공동체적으로 우리의 성적인 죄에 대해 솔직하게 이야기하는 것은 좋은 일이다.

그리스도인이 동성애와 페미니즘 같은 주제를 논할 때에는 과거에 우리가 범한 행위와 태도에 대해 유감과 회개의 정신을 지녀야 한다. 신자들은 겸손한 죄 고백을 사탄이 악용할까 봐 두려워할 필요가 없다. 하나님은 우리가 무력할 때 만나 주시고, 우리가 죄책감을 성실하게 인정할 때 귀하게 받아 주심을 알고 있기 때문이다. 그렇다면 우리는 성에 관해 논의할 때 우리가 성적인 존재로서 지은 죄와 다른 성적인 존재에게 범한 죄를 깊이 인식하는 자세가 필요하다.

비합리적인 두려움을 없애라. 때로 우리의 성적 비교양은 비합리성에 기초하고 있다. 우리와 타인 간에 존재하는 진정한 불일치가 '타자성'(otherness)에 대한 비합리적 두려움과 너무 얽히지 않도록 노력해야 한다.

물론 어떤 특정한 성생활에 대한 비판을 모두 비합리적인 것으로 치부해서는 안 된다. 이를테면, 최근에 관심을 받고 있는 '동성애 공포증'(homophobia)은 사람들을 오도하고 있다. 내가 다른 누군가의 견해와 다른 입장을 가진다고 해서 '공포증'에 사로잡혀 있는 것은 아니다.

이와 유사한 사례를 생각해 보자. 나는 모르몬교의 교리에 대해 강한 거부감을 가지고 있다. 나는 모르몬교의 신념과 행습의 많은 부분이 잘못되었다고 확신한다. 그러나 내가 모르몬교에 대해 공포증을 가지고 있는 것은 아니다. 최근에 나는 모르몬교와 기독교 신앙의 차이점들을 살피는 일에 정기적으로 참여하면서 여러 모르몬교도들을 알게 되었고 그들과 함께하는 시간이 제법 된다. 그리고 그들 중 일부는 가까운 친구가 되었다.

하지만 내가 아는 그리스도인 중에는 모르몬교에 대해 일종의 공포심을 가진 이들도 있다. 그들은 내가 모르몬교인과 친근하게 대화를 나눈 것이 역사적 기독교 신앙을 배신하는 것인 양 생각한다. 그들은 모르몬교인들이 마치 악의 화신인 양 말하고 행동한다. 그래서 모르몬교인과는 도무지 편안한 대화를 나누지 못한다. 그들은 때로 모르몬교인을 적극적으로 증오하는 일에 앞장서기도 한다.

내 그리스도인 친구 가운데 동성애에 대해 이런 식으로 접근하는 이들이 많다. 그들의 마음속에 동성애는 하나의 경멸스러운 '타자'로 자리잡고 있다. 그래서 그 주제에 대해 명철하게 사고하는 것이 힘들다. '동성애 공포증'은 바로 이런 그리스도인들에게 어울리는 말이다.

이에 대한 대안은 동성애를 무비판적으로 수용하는 것이 아니다. 중요한 것은 우리가 동의하지 않는 신념 및 행위 자체와, 그런 식으로 믿고 행동하는 사람을 서로 구별하는 것이다. 우리는 우리의 이견에 대해 아주 분명한 태도를 지니되 동성애자에게 비합리적인 반응을 보여서는 안 된다.

성적인 감정 이입을 개발하라. 몇 년 전에 어떤 교회의 '에이즈 미사'에 참석한 적이 있다. 나는 그 회중 대다수가 남부 캘리포니아에 있는 동성애 공동체에 속한 사람일 것이라 예상하고, 슬그머니 뒷좌석에 앉아 관심 있는 방관자의 입장에서 예배를 참관할 생각이었다. 그런데 교회에 도착했을 때는 이미 대부분의 좌석이 찬 상태였다. 나는 안내를 받아 중앙에 있는 빈 좌석으로 들어갈 것인지, 아니면 집으로 돌아갈 것인지를 순간적으로 결정을 내려야 했다. 나는 머물러 있기로 했다.

그들과 완전히 동떨어져서 '초연한 관찰자'의 자세를 취하는 것은 불가능했다. 예배는 내가 좋아하는 찬송가로 시작했다. 그러고 나서 시편 139편에서 인용한 다음 구절로 다 함께 기도했다.

> 주께서 내 내장을 지으시며
> 나의 모태에서 나를 만드셨나이다.
> 내가 주께 감사하옴은
> 나를 지으심이 심히 기묘하심이라.
> 주께서 하시는 일이 기이함을
> 내 영혼이 잘 아나이다.
> 내가 은밀한 데서 지음을 받고
> 땅의 깊은 곳에서 기이하게 지음을 받은 때에
> 나의 형체가 주의 앞에 숨겨지지 못하였나이다.
> 내 형질이 이루어지기 전에 주의 눈이 보셨으며…. (13-16절)

그리고 잠시 후에 우리는 함께 중보기도를 하는 시간을 가졌다. 모임의 인도자는 에이즈로 죽은 친구들이나 사랑하는 사람들의 이름을 말해 달라고 참석자들에게 요청했다. 열렬한 반응이 뒤따랐고, 몇 분 동안이나 계속되었다. "행크." "조앤." "애니." "필립." "프레드." "애슐리." 흐느낌을 배경으로 삼은 채 호명이 계속 이어졌다.

그 저녁에 일어났던 일로 동성애 행위에 대한 내 견해가 바뀌지는 않았다. 그러나 그 일은 나에게 심원한 영향을 끼쳤다. 나처럼 하나님의 형상으로 빚어진 이들, 곧 자신의 삶의 깊숙한 곳에서 비통한 슬픔을 경험하고 있는 동료 인간들이 나를 둘러싸고 있었다는 것을 아주 강력하게 의식할 수 있었다. 우리 사이에 존재하던 '타자성'의 간격이 좁혀졌다. 그리고 나는 성적 가치관이 나와 아주 다른 사람들에 대한 새로운 감정 이입을 체험하게 되었다.

공적 영역에서의 성

앞의 지침을 따르면 성에 대한 좀더 정중한 **태도**를 개발할 수 있을 것이다. 그런데 그것이 공공 정책의 문제에서는 어떤 의미를 가지는가? 학교, 예술, 미디어 분야에서 일어나는 성에 대한 논란은 어떻게 다루어야 하는가?

대학 시절에 내가 좋아했던 영문학 교수는, 그리스도인이라면 불경하고 노골적인 성을 담고 있는 문학 작품을 피해야 한다고 확신하는 분이었다. 한번은 강의 시간에 그 여자 교수의 입장에 도전한 적이 있다. "적어도 죄가 어떤 것인지 더 잘 알기 위해서라도 그런 종류의 작품을 읽는 것이 중요하지 않나요?"

그녀의 단호한 응답이 아직도 귓가에 들리는 것 같다. "마우 군, 쓰레기가 무엇인지 알기 위해서 도시에 있는 모든 쓰레기통 하나하나를 찾아다니며 냄새를 맡을 필요는 없습니다!"

나는 그 교수님을 대단히 존경했지만 이 주제에 관한 한 너무 신중한 입장이 아니었나 생각했다. 하지만 오늘날처럼 자유분방한 성문화의 폭격을 받는 상황에서는 그녀의 입장에 어느 정도 공감할 수 있게 되었다.

정중한 그리스도인으로서 우리는 성적 문란이 더욱 기승을 부리는 현상에 대해 어떻게 해야 하겠는가? 예를 들면, '외설적인' 예술을 둘러싼 격렬한 논쟁과 금서 목록을 지정하려는 시도에 대해 어떤 입장을 취해야 하겠는가?

물론 기독교 공동체 **안**의 문제에 대해서는 엄격하게 규제할 권리가 분명히 있다. 그리스도인은 하나님과 이웃을 향한 신실한 사랑의 언약으로 다함께 묶여 있다. 이 언약을 벗어나는 것—기혼자의 부정행위와 다른 유의 성적 부도덕 같은 것—은 심각한 믿음의 배신으로 간주해야 한다. 교회가 성적 행위를 그 징계 대상에 포함시킨 것은 바른 정책이다. 교인의 행위와 태도가 문제가 되어 논쟁이 일어난다면 나는 누구보다도 먼저 강력한 징계를 적극 옹호하는 편에 설 것이다.

그런데 기독교 공동체는 성에 대한 성경의 규범을 인정하지 않는 이들에 대해서는 어떤 입장을 취해야 하는가? 좀더 구체적으로, 그리스도인들은 그리스도인이 아닌 사람의 성적 태도에 어떻게 영향을 미치는 것이 바람직한가?

우선 자명한 것부터 시작해 보자. 적어도, 그리스도인은 오늘날 널리 퍼져 있는 성적 문란을 **유감스럽게** 생각해야 한다. 성이란 인간 상호 작용의 다른 중요한 차원과 깊은 연관이 있으며, 사람들이 성적 순결을 유지하지 못할 때 그 사회는 약속과 신뢰의 측면에서 심각한 문제에 봉착하게 된다는 점을 우리는 알고 있다. 뿐만 아니라 그런 사회는 다른 종류의 문제로 인해서 어쩔 수 없이 크게 고통을 당할 것이다.

그러나 우리는 그런 풍조를 유감스럽게 느끼는 데 그쳐서는 안 된다. 우리는 또한 여러 방법—더 나은 삶을 직접 보여 주고, 학문적인 활동을 하고, 설교와 전도 사역을 하는 등—을 통해 어떤 교정책을 제시하려고 노력해야 한다. 성적 무질서 상태의 근저에 있는 전제들과 그 함의를 노출시킴으로써 우리는 성적으로 깨어진 인생을 사는 사람들에게 좋은 소식을 선포할 수 있다.

자신의 죄된 성적 충동을 따라, 갈 데까지 가려는 자들의 행위를 규제하는 법을 제정하는 것은 어떨까? 나는 비그리스도인을 강요하여 기독교적 성 규범을 따르게 하는 법을 제정하는 것에 대해서는 무척 신중해야 한다고 생각한다. 특정한 성적 착취 행위에 법적인 '울타리'를 치는 일은 타당하지만, 비그리스도인이 억지로 기독교의 규율을 따르도록 법을 제정하는 것은 그리 바람직하지 못하다. 성경은 사람들이 하나님께 자발적인 순종을 드리도록 요구한다. 그들이 그렇게 하지 않기로 선택한다면 우리는 유감스럽더라도 그 선택을 존중해야 한다.

이런 존중의 태도는 하나님이 친히 보여 주셨다. 아담과 하와가 죄를 지었을 때, 하나님은 그들을 멸망시키지도 않으셨고 그들이 억지로 창조주의 뜻에 순종하도록 강요하지도 않으셨다. 그들은 스스로 선택한 다음 그 길로 자유로이 나아갈 수 있었다. 물론 하나님이 그에 따른 불가피한 결과를 지적하신 것은 사실이다. 그들이 시민권의 요건을 저버렸기 때문에 하나님은 그들을 그 동산에서 쫓아내기까지 하셨다. 결국 하나님을 반역한 피조물은 자기가 자유로이 택한 길의 논리적 결과로 극심한 고독과 소외임을 뼈저리게 직면할 수밖에 없었다.

하나님도 인간에게 바른 행동을 강요하지 않으셨는데, 그리스도인이 강제로 그렇게 하는 것은 위험한 일이다. 따라서 기독교의 성적 표준을 도모하려는 우리의 노력이 조작적인 것이어서는 안 된다. 어떤 행위를 단지 죄악된 것이라는 이유로 금지하는 일은 별로 의미가 없다.

그러면 입법의 영역에서 그리스도인이 목표로 삼을 만한 것은 무엇인가? 한 가지는 공공연한 성적 문란이 다른 시민의 정당한 권리를 침해하는 경우를 고찰하는 것이다. 이를테면, 어떤 형태의 난잡한 향락에 대해 사람들이 접근하는 것을 제한하는 일은 타당한 것이다. 다원주의 사회에서는 사람들이 포르노 영화와 인쇄물을 만들 수 있다. 그러나 그 제품을 일간 신문을 통해 자유로이 노골적으로 광고할 수 있다는 말은 아니다. 또한 우리 자녀들이 길목에 있는 편의점에서 사탕을 살 때 음란한 책과 잡지를 접하도록 내버려 두어서도 안 된다. 다른 이들이 죄를 짓는 것을 막을 권리는 우리에게 없다. 하지만 그들이 자신의 왜곡된 목적을 달성하기 **쉽게끔** 만들 책임도 우리에게는 없다.

또한 그리스도인은 다 같이 협력하여 현대 사회의 반역적인 우상 숭배와 혼란에 대해 건강한 대안을 제시할 수 있다. 우리가 다른 이들이 자기가 선호하는 생활 방식을 추구할 수 있도록 기꺼이 허용하는 대신 우리에게도 동일한 기회를 달라고 더욱 강력하게 요구해야 한다. 예를 들어, 우리 사회가 점점 더 못마땅한 가치관 속으로 빠져들고 있다면, 어떤 방해나 불공평한 재정적 부담 없이 우리가 원하는 방식으로 자녀를 교육할 수 있는 권리를 요구해야 하는 것이다.

목회적 초점

최근에 들어 동성애에 대한 나의 태도가 오늘날 젊은 그리스도인들과는 다른 문화적 풍토에서 형성된 것이란 사실을 더 많이 인식하게 되었다. 특히 복음주의 지도자들과 만나는 사적인 모임에서 이 사실을 가슴으로 절감했다. 한 기독교 대학 총장이 동성애 관련 이슈들에 대한 우리의 전형적인 접근이 그 대학의 학생들을 소외시키고 있다는 사실에 대해 우려를 표명했다. "문제는 우리 학생들이 그 주제에 대한 성경의 가르침을 우리보다 모르고 있는 것이 아닙니다. 진짜 문제는 그들에게는 그 모든 주제가 아주 개인적인 관계와 얽혀 있다는 사실이죠. 그들에게는 레즈비언인 자매들이 있습니다.

고등학교 때 친구가 어느 날 동성애자임을 선언합니다. 그들에게는 추상적인 신학적 이슈가 아니라는 말입니다!"

우리 세대에게는 그런 이슈가 오랫동안 일종의 신학적인 문제였다. 생의 후반에 이르러서야 그것이 개인적인 문제로 부각되었던 것이다.

그런데 지금은 그 이슈가 우리 중 몇몇 사람에게도 아주 개인적인 문제로 다가온다. 문제를 더 복잡하게 만드는 것은 이미 추상적 차원에서 강경한 입장을 취한 뒤에야 이런 일이 일어났다는 사실이다.

언젠가 한 복음주의 단체를 대상으로 공적인 교양에 관해 강의를 한 적이 있다. 먼저 성적인 문제들에 대해 나의 보수적인 입장을 확고히 한 뒤에 기독교 공동체 내에서 실제 사례들을 다룰 때에는 목회적인 태도를 취하기를 바란다고 말했다. 나중에 한 부부가 내게 와서 사적인 얘기를 나누었다. 그들은 한 주류 교단의 '갱신' 단체에서 열심히 활동했는데 주로 동성 관계에 대한 자유주의적인 견해에 반대하는 운동을 했다고 말했다.

"그러나 우린 갈등에 빠졌어요. 그리고 당신이 온유한 접근을 취하도록 격려해 주어서 정말 감사합니다" 하고 그들은 이어서 말했다. 2년 전에 자기네 아들이 게이인 것을 밝혔고 지금은 다른 젊은이와 배타적인 관계를 맺고 있다고 말할 때에는 두 사람 모두 눈물을 흘리고 있었다. "우리는 그들이 안정된 한 쌍으로 지내서 기쁩니다. 그리고 그들은 교회에도 가고 교회 생활에 적극적으로 참여하고 있지요. 그들은 우리가 그런 관계를 신학적으로 인정하지 않는다는 것을 알지만 그래도 우리는 그들을 포용하기로 결심했습니다. 자주 만나는 편이고요. 기도를 많이 하고 있어요!" 그러고는 슬픈 어조로 이런 말을 덧붙였다. "아직도 우리가 이런 사실을 많은 믿는 친구들과 나눌 수 없는 게 유감입니다."

최근에 나는 이런 대화를 많이 나누게 되었다. 사람들이 사랑하는 가족의 일원과의 어려움을 털어놓을 때 나로서는 그들에게 제시할 '해결책'이 없고, 다만 게이와 레즈비언이 된 식구와 연줄을 끊지 않는 것이 바람직하다고 말해 줄 뿐이다. 그러나 이런 대화를 하고 나면 슬퍼지는 것은 그런 이야기 때문만이 아니라 교회 공동체가 그들에게—고민이 많은 그리스도인들과 그들이 염려하는 이들 모두에게—절실히 필요한 목회적인 이해심과 지원을 베풀지 못하고 있는 현실 때문이기도 하다.

성적 정직성 도모하기

1960년대와 1970년대의 '성 혁명'은 위험 부담 없이 성을 마음껏 즐기게 해 주겠다고 약속했다. 이제 그 혁명이 막을 내렸다는 것은 자명한 사실로 보인다. 먼저는 성병이 널리 퍼지고, 후에는 에이즈가 만연하기에 이르렀다. 대학의 건강 센터는 학생들 사이에 성교 불능과 불감증의 사례가 증가하고 있다고 보도했다. 요즈음에는 철저한 세속주의자들 중에도 활발한 성행위보다 금욕적 생활 방식이 더 '뜻깊은' 삶이라고 선전하는 이가 있을 정도다. 하지만 성 혁명이 안고 있는 주제들 가운데 우리 그리스도인이 사장시키지 말아야 할 것이 하나 있는데 바로 **성적 정직성**이다. 신자이든 아니든 누구도 이것을 간과해서는 안 된다.

물론 많은 이들에게 성적 정직성이란, 모든 사람이 그들의 '성적 쾌락' 경험을 들을 필요가 있다는 것을 의미했다. 하지만 우리는, 성적 정직성은 성이 인간의 삶에서 하는 역할에 대해 교만하지 않은 자세로 참을성 있게 논의하려는 마음가짐을 뜻한다고 주장해야 한다.

우리 그리스도인은 인간의 성에 관한 우리의 메시지가 주로 부정적이며, 우리가 사람들의 즐거움을 방해하는 자들이라는 기존의 인상을 극복하기 위해 노력해야 한다. 물론 일부 그리스도인은 **실제로** 그런 인상을 주려고 그렇게 행동했다. 그런데 그들의 부정적 태도는 성경이 제시하는 우리의 성적 본질을 놓치게 한다.

기독교적 관점은, 서로 착취하지 않는 한 어떤 성행위도 허용될 수 있다는 말이 거짓임을 폭로한다. 남을 착취하고 남에게 착취당하는 우리 능력은 아주 교묘하고 내밀한 성격을 가지고 있기 때문에, 소위 '합의하는 성인들'이 승낙하는 것이라는 단순한 공식으로는 포착할 수 없다고 성경은 말한다. 우리는 그런 문제에서 쉽게 혼동하고 오도될 소지가 많은 연약한 피조물이다. 우리에게는 가장 친밀한 인간관계를 잘 영위하도록 돕는 경계선과 참조점이 필요하다.

신뢰의 요소

내가 재직했던 기독교 대학에서 내 강의를 들었던 젊은 여성을 나중에 만난 적이 있다. 기독교적 교육에 반발하던 그녀는 당시 결혼도 하지 않은 채 한 남자와 동거하고 있었다. 그녀는 이제 기독교의 '죄책감의 덫'에서 벗어났고 새로운 '해방감'을 만끽하고 있다고 나에게 자랑했다. 나는 그런 말을 듣게 되어 무척 유감이라고 말했고, 나중에 그 문제에 대해 더 얘기하고 싶다고 했다.

두세 달이 지난 후 그녀는 나에게 전화를 걸어 만나고 싶다고 했다. 이번에는 그녀의 기분이 전혀 딴판이었다. 자기 연인이 다른 여자와 성관계를 맺고 있다는 사실을 알게 된 것이었다. 그녀가 문제를 지적하자, 그는 오히려 그녀가 너무 '소유욕'이 강하다고 비난하면서 이제 그녀를 떠나 새로운 관계를 시작했다고 했다.

그 젊은 여성은 이제 '해방된' 생활 방식에는 어울리지 않는 감정을 경험하고 있었다. 그녀는 눈물을 흘리며 "저는 굉장한 배신감을 느끼고 있어요"라고 말했다. "그 남자는 제게 '소유욕'이 너무 강하다고 했는데, 글쎄요, 제가 그를 **신뢰한** 것이 문제인 것 같아요!"

그녀는 성적인 자유의 이름으로 착취를 당했던 것이다. 그녀가 보인 반응은, 연인이 부정을 저지를 때 우리가 겪을 수밖에 없는 경험이라고 성경이 말하고 있는 것이었다. 즉 한 사람이 다른 사람에게 줄 수 있는 가장 친밀한 신뢰가 깨졌을 때 느끼는 배신감이다.

내가 보기에 성적으로 문란한 사람들이 지닌 문제는 그들이 너무 많이 재미를 본다는 것이 아니다. 오히려 나는 그들이 겪는 불행에 대해 염려하게 된다. 나는 그들이 인간으로서 풍성한 삶을 살기를 바라지만, 그들이 택한 생활 방식은 인생의 꽃이 필 수 없도록 막아 버린다.

성경은 우리가 신뢰의 역량을 개발하려고 열심히 노력하지 않는다면 인생의 꽃을 피울 수 없을 것이라고 말한다. 성경이 **언약**을 그토록 강조하는 이유가 바로 여기에 있다. 언약 관계에 들어간다는 것은 신뢰에 기초하여 헌신을 다짐하는 것이다. 하나님이 아담과 하와에게 동산에 있는 한 나무의 열매를 먹지 말라고 하셨을 때, 그분은 자기와 맺은 언약을 지키라고 요청하신 것이다. 그분은 "나를 신뢰해라. 나는 너에게 가장 좋은 것이 무엇인지 알고 있다"라고 말씀하고 계셨다.

여기서 "나를 신뢰해라"라는 대목이 이 이야기의 핵심이다. 바로 이 점에서 뱀이 하나님의 신뢰성을 공격한 것이다. "하나님이 **그렇게** 말했다고?" 하고 뱀이 하와에게 물었다. "하나님을 믿지 마. 그는 그저 누가 보스인지 보여 주려 한 것뿐이야!" 우리의 첫 조상이 하나님을 신뢰하는 데 실패했을 때, 그들은 우리 모두를 깊은 곤경에 빠뜨렸다. 신뢰와 헌신은 우리 인간됨의 밑

바탕이 되는 것이다.

　우리에게 하나님에 대한 건강한 신뢰감이 없을 때에는 다른 누구도 믿기 어렵다. 성에 대한 하나님의 지침이 의도하는 것은 서로 신뢰할 수 있는 친밀한 관계에 대한 새로운 가능성을 여는 것이다.

　성경적 관점의 핵심은 상대방에 대해 정중하고 자애로운 성을 만들어 가는 것이다. 따라서 우리가 성적 표준의 측면에서 의견을 달리하는 사람들에게 정중하고 온화한 자세로 성경적 견해를 제시하는 것이 중요하다. 그렇게 하지 않으면 우리 메시지 자체를 손상시키게 될 것이다. 성적 교양을 갖추는 일은 복음에 대한 우리의 헌신을 삶으로 실천하는 중요한 방법이다.

인생 여정에 필요한 은혜

성적 교양을 기르는 데는 분명 위험이 따른다. 우리는 도덕적으로 위험한 시대에 살고 있다. 성적인 허용주의를 우려하는 것도 정당하기는 하지만, 동시에 성적 교만의 위험도 잊어서는 안 된다.

　우리 그리스도인은 성적 문제에 관해 교만할 이유가 없다. 하나님은 지금도 우리를 그분이 원하는 사람으로 만들기 위해 일하고 계신다. 즉 우리는 온전한 인격을 향한 여정 가운데 있다는 말이다. 우리는 자신의 연약함을 시인하고 하나님의 은혜가 절대적으로 필요한 존재임을 정직하게 인정할 필요가 있다.

　수년 전, 한 루터교 감독이 동성애에 관하여 교단 목사들에게 목회 서신을 썼다. 그는 동성애 행위에 대한 교회의 반대 입장을 거듭 천명했지만(이후 루터교는 동성애와 관련하여 전통적으로 견지하던 견해를 수정했다), 동시에 루터교인들에게 이 문제를 목회적으로 신중하게 다루도록 요청했다.

그 감독은 내게 특별한 인상 한 가지를 남겼다. 그는 스칸디나비아계 미국인 여성에게 받은 한 통의 편지에 관해 이야기했다. 그가 알기로 그녀는 아주 경건한 사람, 곧 "기도의 사람이자 깊은 영성을 소유한 여성"이었다.

당시 칠십대였던 그 여성은 평생 동안 강한 동성애적 성향으로 인해 고민해 왔다. 자신의 성적 지향을 바꾸려고 온갖 시도를 해 보았지만 결국 실패하고 말았다. 그녀가 그 감독에게 쓴 편지의 한 대목은 다음과 같다.

저는 어른이 된 이후 평생 제가 손을 잡을 수 있고…포옹할 수 있는 특별한 누군가를 갈망해 왔습니다. 동성애 반대자들의 기대 사항이…얼마나 잔인한지 알게 되었을 때, 저는 기대고 마음껏 울 수 있는 자애로운 어깨가 있었으면 하고 바랐습니다. 그러나 교회는 그런 것을 허용하지 않습니다. 제가 천국에 가면 **오랫동안** 주님의 품에 안겨 그동안 허락되지 않았던 것을 보상받고 싶다는 생각이 때때로 떠오르곤 합니다. 한평생은 사랑만큼이나 우리가 간절히 갈망하는 어떤 것을 기다리기엔 참으로 기나긴 세월입니다.

나는 이 여성에 대해 종종 생각한다. 그녀는 내가 존경하는 성도들의 반열에서 중요한 위치를 차지하고 있다. 그녀가 오랜 세월 참고 견뎌야 했던 동성애에 대한 지각없는 비평을 생각하면 참으로 마음이 아프다. 믿음에 기초한 그녀의 인내심과 주님의 포옹에 대한 갈망을 묵상할 때면 나는 나 자신의 여정에 필요한 힘을 얻게 된다. 내가 천국에 가게 되면 그녀를 안아 주고 싶다. 그녀를 통하여 동성애를 바라보는 내 태도가 더욱 부드럽고 신중해졌기 때문이다.

9. 다른 종교의 도전

내 조부모가 19세기에 네덜란드에서 미국으로 이민을 왔기 때문에 나는 조상의 나라를 방문하는 걸 항상 좋아한다. 한번은 글을 쓰려고 거기에 머문 적이 있는데 한 작은 마을 변두리에 있는 집에서 주로 집필 작업을 했다. 때때로 나는 그들이 몸담았던 세계로 거슬러 올라가는 특권을 부여받은 듯이 느끼곤 했다.

창밖으로 나막신을 신은 늙은 농부들이 들판으로 나가 양과 소를 살피는 모습이 눈에 들어왔다. 여자들은 매일 자전거로 빵집과 치즈 가게와 야채 상점을 한 바퀴 돌았다. 길 건너 강둑을 따라 즐비하게 늘어선 집들은 지붕을 새로 단장한 수세기나 된 가옥들이었다. 그 마을에는 교회가 둘 있었는데 모두 개혁교회였다. 그 길을 따라 5킬로미터 정도 내려가면 좀더 큰 마을이 있는데 거기에는 개혁교회 둘과 가톨릭교회 하나가 있었다.

그런데 저녁마다 산책을 나갈 때면 시간 여행을 방해하면서 현실이 재빨리 파고들었다. 그 길을 따라 몇 백 미터 아래쪽에 있는 양을 치는 넓은 땅과 헛간은 주변 정경에 멋지게 어울렸다. 단 한 가지 예외는 '이슬람식 도살장'이라는 간판이 우뚝 서 있는 장면이었는데, 그곳은 터키인 이민자들이 이슬람교의 음식법에 따라 고기를 준비하는 곳이었다.

'세계 종교'가 그 작은 네덜란드 마을까지 온 것이다. 그리고 그 종교들은 전력을 다해 북미의 도시와 시골 곳곳에도 찾아왔다. 어린 시절 우리 가족은 '저 멀리 외국 선교지'에 있는 사람들을 위해 정기적으로 기도했다. 오늘날에는 외국 선교지가 바로 저 길 건너에 있다! 우리는 저녁 산책길에 무슬림과 힌두교인, 불교도와 정령 숭배자와 마주칠 수 있다. 이는 단지 산책할 때만이 아니고, 학교 교실에서와 상점 진열대 앞에서도 일어나는 일이다.

한 종교를 '안다'는 것

이처럼 다양한 종교적 관점에 대해 어떻게 반응해야 하겠는가? 그것들은 우리가 유리하게 활용할 만한 어떤 기회를 제공하는가?

아리 골드만(Ari Goldman)은 이런 의문에 대한 답을 찾으려고 하버드 대학교 신학부에 들어갔다. 골드만은 현재 "뉴욕타임스"의 종교 담당 기자이며, 정통 유대인이다. 그는 저서 「하버드에서 하나님 찾기」(*The Search for God at Harvard*)에서, 하버드에서 여러 종교적 관점을 공부하기 위해 1985년에 안식년을 얻었던 일을 이야기한다.

다이애나 에크(Diana Eck) 교수가 '세계의 종교' 과목을 시작하며 "당신이 한 종교만 알고 있다면…아무 종교도 모르는 셈이다"라는 말을 했을 때 골드만은 완전 무방비 상태가 되었다. 그가 하버드에 갔을 때만 해도 이미 한 종교에 대해서는 아주 잘 알고 있다고 생각했다. 그는 유대교의 가르침과 전통에 깊이 빠져 있었기 때문이다. 그러나 에크 교수의 말이 그에게 깊은 인상을 주었고, 그는 그것을 자신의 책에서 여러 번 인용하고 있다. 그는 다른 종교를 공부함으로써 정통 유대교에 대한 이해가 더욱 깊어졌다고 믿는다.

나는 골드만의 책을 굉장히 재미있게 읽었지만, 에크 교수의 선언에 대해서는 그만큼 깊은 인상을 받지 못했다. 사실 내 첫 반응은 그녀의 비평을 일종의 지적 교만으로 치부하는 것이었다. 많은 종교를 공부한 후에야 한 종교를 '알' 수 있다는 말이 도대체 무슨 뜻인가?

내가 알고 있는 독실한 그리스도인 가운데는 다른 종교의 내용에 대해 한 번도 생각한 적이 없는 이들이 많이 있는데, 그렇다면 그들은 기독교를 정말 '알지' 못하고 있다는 말인가? 내 외할머니는 신앙이 깊은 그리스도인이었다. 외할머니의 신앙은 십대 아들을 잃는 등 수많은 인생의 시련 가운데서도 그녀를 지탱해 주었다. 그녀는 삼위일체 교리나 속죄 이론에 대한 지식이 많지 않았고 다른 종교에 대해선 전혀 몰랐다. 심지어는 다른 기독교 교단의 가르침에 대해서도 무지했다. 그런데도 나는 언제나 외할머니의 그리스도에 대한 믿음과 교회에 대한 헌신에 큰 감명을 받았다. 과연 대학교의 비교종교학 과목에서 A학점을 받은 대학생이 자신의 종교적 관점을, 내 외할머니가 자기 종교에 대해 알았던 것보다 더 잘 '알고' 있을지 무척 의심스럽다.

그것이 에크의 선언에 대한 나의 본능적 반응이었다. 더 깊이 생각해 보아도 그것이 그녀의 발언에 대한 어느 정도 타당한 반응이라는 생각에는 변함이 없다. 기독교 신앙을 제대로 이해한다면 그것은 결국 하나님과의 관계다. 내면에서부터 기독교를 안다는 것은 하나님께 기도하는 것, 하나님의 말씀을 읽는 것, 예수 그리스도를 통하여 하나님을 알게 된 자들과 함께 예배하는 것이다. 나는 불교나 정령 신앙 등의 과목을 수강하는 것이 어떻게 이처럼 근본적인 차원에서 하나님을 '아는 데' 보탬이 될 수 있는지 도무지 모르겠다. "당신이 한 종교만 안다면…아무 종교도 모르는 셈이다"라는 말은 "당신이 한 부모만 안다면…아무 부모도 모르는 셈이다"라는 말만큼이나 헛갈리는 발언이다.

이제 부모 비유를 이어 가면서 에크 교수에게 조금 더 우호적인 방향으로 논의를 진행할까 한다. 자신의 부모를 다른 부모와 주의 깊게 비교해 보기 전에는 부모에 대해 **전혀** 알 수 없다고 말하는 것은 교만하기 짝이 없는 발언이지만, 우리가 소위 '자녀 양육의 비교 연구'라고 부르는 것에 대해서는 조금 할 말이 있다.

사실상, 일부 전문가들이 부모와 자녀 간의 상호 관계와 관련한 차이점과 유사점을 이해하기 위해 부모를 연구 대상으로 삼는 것은 참 좋은 일이다. 자녀 양육 연구들은 종종 보통 사람들이 자신의 부모-자녀 관계를 더 건전하게 이해할 수 있도록 돕는다. 갓 부모가 된 사람들은 여러 다양한 가정을 대상으로 한 연구에 기초해서 만든 자녀 양육 지침을 읽음으로써 큰 도움을 얻을 수 있다. 과거에 부모에게 학대받으며 자란 성인들은 일반적인 가정에 대해 잘 아는 이들로부터 자신의 체험이 '정상'이 아니었다는 점을 듣고 확신하는 것이 꼭 필요하다. 즉 아직까지도 부정적인 영향을 미치고 있는 어린 시절의 상처와 두려움에 대해 죄책감을 느낄 필요가 없다는 것을 알아야 하는 것이다. 그리고 어떤 이들은 자신이 받은 양육이 평균 수준 이상이었다는 것을 알고 상당한 격려를 받을 수 있다. 그렇다면 '자녀 양육의 비교 연구'는 때로 우리가 자신의 부모-자녀 관계를 더 잘 이해하도록 도울 수 있는 것이다. 종교의 경우도 마찬가지다. "당신이 한 종교만 알면…아무 종교도 모르는 셈이다"라고 말하는 것은 분명 단순하기 그지없는 발언이다. 그러나 타종교에 노출이 되면 나 자신의 믿음을 더 깊이 이해하는 데 도움이 된다고 말하는 것은 타당성이 있다.

양극화된 접근

우리 그리스도인은 양극화를 좋아하는 것 같다. 이런 성향은 타종교에 접근하는 문제를 논의할 때 자주 나타난다. 일부 그리스도인은 노골적인 믿음의 확신에 크게 비중을 두는 전도 전략을 펴자고 주장한다. 사람들에게 복음의 메시지를 제시하고 그리스도인이 되도록 초청하자는 것이다. 어떤 그리스도인들은 교양 있는 태도에 크게 의존한다. 다른 종교 공동체에 속한 사람과 정중한 대화를 하여 상호 이해와 협조를 증진시키는 방향으로 나아가자는 것이다.

이 두 접근을 각각 옹호하는 이들 사이에 흔히 껄끄러운 관계가 형성되곤 한다. 전도론자는 대화론자가 종교 상대주의를 위해 복음을 희생시킨다고 비난한다. 그들은 종교 간 대화를 하느라 기독교의 독특한 주장을 팔아버리게 될까 우려한다. 대화론자는 전도론자가 타종교의 전통에서 발견할 수 있는 진정한 통찰을 종교적 제국주의로 묵살해 버린다고 응수한다. 자신들은 그런 독단적인 정신을 피하려 한다는 것이다.

그러면 이 두 가지 접근은 우리가 굳이 양자택일을 해야 할 사안인가? 복음 전도와 대화를 상호 보완적인 활동으로 볼 수는 없을까? 나는 이 두 가지 강조점을 서로 통합하는 길을 모색하고 싶다. 그리스도인이 타종교와 대화함으로써 새로운 이해를 얻는 동시에 복음을 전하는 것이 왜 불가능한 일이어야 하는가?

'복음 전도'와 '대화'가 두 진영의 표어가 되는 것을 보면, 어떤 이들은 아주 거북한 느낌을 받는다. 이를테면, 대화론자가 자기 입장을 설명하는 것을 들어 보면 나로서는 그 진영 바깥에 있을 수밖에 없다고 느낀다. 대화론을 대표하는 신학자들은 상대주의적 논조를 펴곤 한다. 그들 중 일부는 종교 간의 대화가, 여러 종교가 궁극적 실재에 대한 나름의 '가설'을 제공함으로써 장차 정립될 새로운 '범지구적 신학'을 향한 '진화'의 중요한 단계라고까지 주장한다.

나는 기독교의 독특성을 배격하는 종교 간 대화는 수용할 수 없다. 그리고 솔직히 말해서, 내가 아는 유대인과 무슬림 중에도 그런 접근을 거부하는 이들이 있다. 그들은 자기들의 신학이 지닌 독특성을 그저 영적인 것에 관한 '가설' 정도로 축소시키는 것을 달가워하지 않는다. 서로 다른 종교 사이에는 진정한 불일치가 엄연히 존재한다. 여러 종교적 관점 가운데 어느 하나를 선택하는 문제는 결국 실재와 선에 대한 상호 배타적인 진리 주장과 관계가 있는 것이다. 아무리 대화를 많이 해도 이런 차이점은 상쇄시킬 수 없는 법이다.

그렇다고 내가 언제나 전도론자의 진영에 흡족해하는 것도 아니다. 전도를 주창하는 내 동료들은 **때때로** 독단주의와 제국주의로 기우는 경향이 있는데, 특히 대화론자들이 상대주의적 진술을 할 때 그런 식으로 반발하곤 한다. 하지만 대화를 전적으로 거부하는 그들의 입장이 옳은 것은 아니다.

나는 비그리스도인과의 정중한 대화에 열려 있는 전도 지향적 기독교를 기대한다. 그래서 이같이 양극화된 입장을 초월하는 길을 모색하고자 하는 것이다. 진실한 자세로 다른 사람들과의 진지한 토론에 참여하면서도 기독교의 진리 주장을 확고하게 붙들 때 많은 것을 얻을 수 있기 때문이다.

양극화를 초월하는 길

나는 유대인 단체들과 긴밀히 공조하여 종교의 자유 및 기타 공적 이슈에 관련된 프로젝트를 수행하곤 한다. 한 신문 기자가 나 같은 복음주의자가 어떻게 유대교와 그처럼 밀접한 관계를 맺을 수 있느냐고 물으며 이렇게 말한 적이 있다. "당신들 같은 복음주의자들은 유대인을 전도하는 사람들 아닙니까?"

나는 유대인을 포함한 비그리스도인에게 예수 그리스도를 믿는 믿음을 나누는 것이 중요하다고 굳게 믿는다고 대답했다. 그러나 유대인을 한갓 전도의 대상으로만 간주하는 것은 옳지 않다고 생각한다고 덧붙였다.

그는 내가 한 말을 자신의 기사에 인용했고, 그 신문이 발행되자 유대인과 그리스도인 양측이 나에게 그 진술을 더 자세히 설명해 달라고 요청했다. 물론 각 진영은 내가 한 말의 서로 다른 측면에 초점을 맞추었는데, 이는 충분히 이해할 만한 것이었다. 나는 그 중요한 주제에 대해 더 상술할 기회가 생겨서 기뻤다.

나는 복음 전도의 중요성을 믿는다. 나는 유대인 친구들과 함께 예수 그리스도를 믿는 나의 믿음에 대해 이야기하고 싶고, 그들에게 복음을 전하려고 애쓰는 여러 노력을 진심으로 후원하는 바다. 만일 내가 유대인을 포함한 모든 족속에게 복음—예수님은 하나님이 하늘에서 보내신 아들이라는 기쁜 소식—을 전하라는 성경의 분명한 부르심을 무시한다면, 내 복음주의적 신념에 불충실한 자가 되고 말 것이다.

하지만 나는 유대인의 말을 **경청할** 필요도 있다고 강하게 느낀다. 그들이 내 견해에 귀 기울이려 하지 않더라도(내 경험으로 보아 흔치 않은 경우지만), 나는 그들과 대화할 만한 가치가 있다고 생각한다. 유대 민족은 내게 유대교에 관해 많은 것을 가르쳐 주고, 기독교 공동체의 가르침과 활동에 대한 그들의 견해를 이야기해 줄 수 있다. 그들은 또한 여러 면에서 공적인 의를 위한 싸움에 우리와 공조할 수 있는 동맹군이다. 그리고 무슬림, 힌두교도, 모르몬교도 등 여러 종교 공동체를 잘 이해하고 그들과 협조할 경우에도 이런 유익을 얻을 수 있다.

상호 보완의 가치

나는 복음 전도와 대화 중 어느 하나를 다른 것으로 환원시키지 않고 두 가지 모두에 가치를 두는 것이 중요하다고 생각한다. 이 두 가지는 상호 보완적인 관계에 있다.

사실, 대화는 복음 전도를 위한 중요한 전략이 될 수 있으며, '관계 중심적인 전도'를 주창하는 복음주의자들이 강조해 온 것이다. 많은 경우, 사람들을 전도하는 최선의 길은 그들과 강한 유대 관계를 형성하는 것인데, 이는 그들의 말을 경청하고, 그들의 희망과 두려움에 공감하고, 그들의 신뢰를 얻음으로써 가능하다. 그러면 그들과 복음에 관해 이야기할 기회가 있을 때, 그들은 우리가 하는 말을 **그들을 향한 사랑**의 표현으로 받아들일 것이다. 이런 접근에서, 감정 이입을 통해 맺는 관계는 본질적으로 대화의 성격을 띤다.

이것은 고상하고 적절한 접근이다. 그러나 중요한 점은 다른 종교 단체에 속한 사람과 나누는 모든 대화를 한갓 전도를 위한 전략으로 여겨서는 안 된다는 것이다. 이런 관계의 목적을 복음 전도로 설정해 놓고 만약 그 관계가 전도의 기회로 이어지지 않으면 헛수고만 했다고 투덜거려서는 안 된다는 말이다.

프란시스 쉐퍼(Francis Schaeffer)는 지적으로 성찰적인 복음주의라는 개념을 증진시키려고 노력한 기독교 지도자로서 '공동 교전'의 중요성을 자주 얘기하곤 했다. 이 말은 우리가 공동선을 위해 다른 종교인들과 협력하는 길을 모색해야 한다는 뜻이었다. 그는 이것이 우리가 이 대의를 위해서는 한 그룹과 동맹을 맺고, 저 대의를 위해서는 다른 그룹과 협력하는 것을 뜻한다고 주장했다. 종교 상호간의 이해는 그런 협력을 모색하는 데 필요한 적절한 정보와 감수성을 얻는 유익한 수단이다.

이슬람의 도전

"9·11 사건은 모든 것을 바꿔 놓았다." 너무 자주 반복되다 보니 상투어가 되어 버린 말이다. 그러나 사실은 그렇지 않다. 2001년 9월 11일에 벌어진 끔찍한 사건은 우리에게 큰 충격을 주었고 한동안은 미국의 풍토에 영구적인 영향을 미칠 것처럼 보였다. 그런데 우리 문화는 기존의 태도와 습관으로 되돌아간 것만 같다.

하지만 9·11 사건의 결과로 영구히 바뀐 것이 있다면 바로 이슬람에 대한 관점이다. 그동안 종교적 차이에 대해 무척 추상적으로 생각했는데—물론 어떤 나라들에서는 구체적인 이슈였지만—그것이 갑자기 매우 개인적인 문제로 와 닿게 되었다.

9·11 사건 이전만 해도 나는 이슬람 지도자들과의 토론에 느긋한 자세로 임했다. 심지어는 친척같이 느끼기도 했다. 칼빈주의자인 나는 하나님의 주권을 매우 중요시하는데, 이런 하나님의 대한 나의 견해와 무슬림 지도자들의 견해에 신학적인 유사점이 있다는 것을 발견했다. 그리고 나는 우리의 세속 문화에서 일어나는 일에 대해 무척 우려하는 편인데, 미국에 사는 무슬림들도 이와 같은 문화에 저항하는 모습을 보며 그들을 칭찬하는 말까지 했다.

물론 가장 중요한 문제는 언제나 예수 그리스도가 누구인가 하는 것이었다. 하지만 이 문제에서도 나는 자주 공감을 하곤 했다. 무슬림 친구들은 그들의 거룩한 책이 나사렛 예수를 진리의 위대한 증인으로 보기 때문에 예수에 대해 높이 평가한다고 말하곤 했다. 이에 대해 나는 예수에 대한 긍정적인 견해에 감사를 표명하면서도 한 걸음 더 나아가 십자가에서 이룬 그리스도의 속죄 사역—이는 무슬림이 거부하는 가르침이다—이 어째서 죄의 문제에 대한 진정한 해결책이 되는지를 설명하곤 한다.

이런 경험을 통해 나는 대화의 상대인 무슬림들을 좋아하게 되었다. 그들 중 다수는 대화의 동반자로 즐길 만한 따스한 인간들이었다. 그리고 내가 비행기가 뉴욕의 쌍둥이 빌딩에 돌진하는 장면을 보았을 때 맨 먼저 떠오른 사람들이 그들이었다.

내가 집에서 텔레비전 스크린으로 목격한 장면을 보고 충격에 빠진 순간에 풀러 신학교의 행정직원이 나에게 전화를 걸어 신학교에서 어떤 공식적인 반응을 표명하면 좋겠느냐고 물었다. 내가 곧바로 추진한 것은 이 지역의 한 무슬림 단체 본부에 전화를 해서 우리가 그들을 위해 기도하고 있고, 혹시 무슬림에 대한 반격이 있으면 우리가 그들의 편에 설 준비가 되어 있다고 일러주는 일이었다.

이 같은 나의 본능적인 반응은 우리가 목격한 9·11의 비극이 중요한 가르침을 주는 순간이라는 인식에 근거를 둔 것이었다. 물론 그 교훈은 종교 상호간의 이해의 차원을 훨씬 뛰어넘는다. 하지만 종교 상호간의 중요한 이슈들도 걸려 있는 게 사실이었다. 무슬림과의 대화는 더 이상 '미미하게' 행하던 그런 일이 아니었다. 우리는 이제 동료 그리스도인 및 다른 시민들과 더불어 온 세계에 존재하는, 그리고 특히 미국의 삶에 존재하는 사회정치적 실체로서 이슬람을 이해하는 일에 관하여 공개적으로 이야기할 필요가 있었다.

아울러 우리는 주변의 무슬림 친구들에게 지지를 표명할 필요가 있었다. 예전에는 우리의 대화가 하나님의 본성과 구원의 길에 초점을 맞췄다면 이제는 폭력과 화평케 하는 일과 시민권에 초점을 맞춰야 했다. 그리고 그리스도인들 중 다수는 동료 신자들에게 세계적 차원에서 이슬람은 다양한 '교단들'이 있는 복잡한 현상임을 설명할 필요가 있었다. 즉 모든 무슬림이 오사마 빈 라덴를 다 지지하는 게 아니라는 사실을 말이다.

미국의 무슬림 지도자들은 9·11의 끔찍한 행위를 대놓고 비난하지 않는다는 이유로 많은 비판을 받았다. 그들과의 대화의 끈을 놓지 않은 우리는 그들의 신중한 태도를 이해할 수 있었다. 무슬림 친구들은 9·11 사건으로 마음 아파했지만 그 문제에 대해 어떻게 말하는 게 좋을지 잘 알지 못했다. 미국인이 공식적인 비난 성명으로 간주할 만한 것이 어쩌면 무슬림 극단주의자에게는 배신행위로 비쳐져서 그들의 보복을 초래할지도 모를 일이었다. 무슬림끼리의 화평을 도모하려면 어떻게 해야 할까? 이슬람과 사회적 다원주의에 관한 복잡한 견해들은 어떻게 설명하면 좋을까?

나는 미국의 무슬림 지도자들이 재빨리 테러리즘을 비난하는 성명을 발표하길 바랐다. 하지만 또한 그들의 신중한 입장도 이해하게 되었다. 그들은 그 주제에 대해 실질적인 발언을 하고 싶었으나 동시에 무슬림 공동체가 무척 염려되기도 했다. 만약 공개적으로 비난하면 이슬람 공동체 내에서 폭력의 옹호자들이 무죄한 무슬림들에게 보복 행위를 할 수도 있었기 때문이다.

9·11의 결과로 생긴 현상은 폭력과 사랑, 평화와 종교 간의 이해와 같은 이슈에 초점을 두는 새로운 종류의 대화였다. 풀러 신학교는 국내적으로와 국제적으로 무슬림 지도자들과의 토론에 필요한 지원금을 미국 법무부에 성공적으로 신청했다. 이와 비슷한 다른 대화들과 더불어 우리가 성취한 것은 2006년 10월 13일에 전 세계 38명의 무슬림 학자들이 그리스도인에게 문서로 보낸 강력한 성명으로 공공연하게 가시화되었다. "우리와 당신들 간의 공동의 세계"란 제목으로 발표된 이 성명서는 무슬림 지도자들이 그리스도인과 공유한다고 생각하는 가르침을 담고 있으며, 양자 간의 대화를 지

속시키는 데 기여했다. 이 문서의 주요 관심사는 다음의 내용에 표명되어 있다.

> 이슬람과 기독교는 분명히 다른 종교들이지만―그리고 양자의 공식적인 차이점을 최소화해서는 안 되겠지만―'두 가지 큰 계명'이 코란과 토라와 신약 성경 사이의 공통분모이자 연결 고리인 것은 명백합니다.
> …그런즉 우리의 차이점이 우리 사이에 미움과 분쟁을 일으키지 못하게 합시다. 우리는 의로움과 선행을 위해서만 서로 경쟁하도록 합시다. 서로 존중하고, 서로에 대해 공정하고, 정의롭고, 친절하며, 진정한 평화와 조화 가운데, 그리고 상호간에 선의를 품고 살도록 합시다.[1]

이는 종교 상호간의 대화와 협력을 위한 괜찮은 토대가 아닐 수 없다!

종교에 관한 올바른 대화

이제 몇 가지 중요한 질문을 다룰 때가 되었다. 전도가 목적이 아니라면 신과 인간 본성과 구원에 관하여 대화하는 것이 과연 가치 있는 일인가? 어떻게 참된 그리스도인이 무슬림과 영적인 주제에 관해 진정한 '대화'를 나눌 수 있을까? 대화하기로 결심한다는 것은 그 대화가 이끄는 대로 어디든지 따라갈 의향이―심지어 내 근본 신념을 바꾸게 될지라도―있다는 것을 의미하지 않는가? 어떻게 내가 그 정도까지 동의할 수 있겠는가?

이것들은 괴팍한 질문이 아니며, 오히려 중요한 우려 사항을 표출하는 의문들이다. 먼저 내가 시인해야 할 점이 있다. 즉 무슬림과 대화를 시작한다는 것이 그리스도의 유일한 구속 사역을 믿는 내 믿음을 기꺼이 제쳐 놓아야 하는 것이라면, 나는 그런 대화에 임할 수 없다는 점이다. 나에게는 이 것이 절대 타협할 수 없는 몇 가지 신념 중 하나이기 때문이다.

그렇다면 대화가 영적인 문제에 관해 우리에게 가르쳐 줄 수 있는 것이 무엇인가?

"모든 진리는 하나님의 진리다"라는 말은 기독교 전통을 대변하는 숭고한 선언이다. 그리고 그 전통의 주류는 영적인 진리가 성경에서 명시적으로 가르치는 것에 한정된다는 뜻을 결코 의미한 적이 없다. 성경은 하나님의 말씀으로서 진리의 직접적인 **근원**이다. 하지만 그것은 또한 다른 근원에서 오는 진리 주장을 **시험할** 수 있도록 도와준다. 프랑스 신비주의자 시몬 베유(Simone Weil)가 그리스도인의 진리 추구에 대해 묘사한 것을 곰곰이 생각해 보라. "그리스도는 우리가 그분보다 진리를 더 선호하기를 원하신다. 그 이유는 그분 자신이 그리스도이기 이전에 진리이기 때문이다. 누구든 그분을 우회해서 진리를 향해 가려고 하면 머지않아 그분의 품으로 빠져들게 될 것이다."[2)]

내가 보기에 이것은 아주 교묘한 말이다. 그리고 베유가 자기의 논점을 표현하는 방식도 약간 신경에 거슬린다. 나는 그리스도께서 우리가 그분보다 진리에 더 가치를 부여하길 바라신다는 그녀의 주장에 멈칫거리게 된다. 그러나 나는 시몬 베유가 그리스도에게 전적으로 헌신해서는 안 된다는 의미로 그렇게 말한 것이 아님을 알고 있다. 그녀의 저술은 주님께 대한 깊은 헌신을 풍부하게 표현하는 걸작들이다.

내 생각에 베유가 지적하고자 하는 것은, 그리스도를 그렇게 전적으로 신뢰함으로써 진리가 우리를 어디로 인도하든지 두려워 말고 따라가야 한다는 점일 것이다. 그분은 "모든 사람을 비추는 참빛이시다"(요 1:9, 새번역). 예수님은 **유일한** 진리(the Truth)시다. 그러므로 우리는 다른 종교 전통에 속한 사람들과 대화할 때 두려워할 필요가 없다. 만일 그들이 하는 말에서 어떤 진리를 발견한다면, 우리는 그것을 붙잡기 위해 믿음 안에서 과감하게 발을 내디뎌야 한다. 그러면 예수님의 팔이 우리를 붙들어 주실 것이다!

그렇다면 종교 간의 대화는 우리 그리스도인이 **그리스도 안에서** 행하는 활동이라 할 수 있다. 사도 바울은 골로새 교인들에게 그리스도 안에서 "만물이…함께 섰느니라"(골 1:17)라는 중요한 진리를 선포했다. 하나님의 아들은 다른 종교들과 관련된 '만물'도 함께 세우시는 분이다. 그분의 영은 모든 곳에서 활동하고 계신다. 어떤 종교적인 대화도 그분의 통치권 밖에서 일어나는 문제를 다룰 수는 없는 법이다.

내가 타종교인과 대화할 때, 그리스도를 구원자로 믿는 내 믿음을 협상 테이블에 올려놓을 수는 없다. 하지만 나는 대화에 임할 때 그리스도의 '숨은' 권위와 능력의 범위에 대해 새로운 것을 배우겠다는 열린 자세로 나아갈 수 있다. 그리고 이런 교훈은 거꾸로 우리에게 타인과 우리 자신에 대한 새로운 사실을 가르쳐 줄 수 있다. 마크 하임(Mark Heim)은 이 점을 잘 묘사한다.

우리가 기꺼이 경청할 자세를 지니고 다른 종교를 속속들이 알면 알수록, 그 종교의 어떤 부분을 깊이 긍정할 수 있는지 그리고 대화 중 어느 대목에서 비판적인 입장을 취해야 하는지 더 잘 분별할 수 있을 것이다. 우리는 그들이 우리를 어떻게 이해하는지에 대해 아주 민감해야 하는데, 그들이야말로 우리가 어느 지점에서—우리가 안전하다고 생각하는 **유일한** 길이요 진리요 생명이신 분의 테두리 안에서—우리가 고백하고 선포하는 바로 그 하나님에게서 멀어지고 있는지 가르쳐 줄 것이기 때문이다.[3]

의문을 품는 것

언젠가 아프리카인 기독교 지도자가 정령 신앙을 버리고 그리스도를 영접했던 자신의 경험담을 이야기한 적이 있다. "내 부족이 믿던 종교 이야기 속에는 장차 복음을 영접하도록 나를 **준비시켜 준** 요소가 많이 있었다. 예수 이야기를 처음 들었을 때, 나는 새롭고 낯설다는 느낌을 전혀 받지 않았다. 나는 나 자신에게 '그렇지! **저것이** 바로 해답이구나!' 하고 말했다."

이 사람이 처음으로 경험한 그리스도는 다른 종교의 틀 안에서 오랫동안 가져 왔던 의문에 대한 해답이었던 것이다. 이에 대해 우리가 놀랄 필요는 없다. 자주 인용되는 성 아우구스티누스의 기도는 인간 상태에 대한 심오한 사실을 표현하고 있다. 즉 우리 마음은 하나님 안에서 안식을 찾을 때까지 늘 불안정할 수밖에 없다는 사실이다. 인간의 추구 본능을 특징짓는 영적 불안정은 그리스도 안에서만 충족될 수 있다. 종교 간의 대화는 인간의 불안정한 상태가 다른 종교에서는 어떤 식으로 표현되고 있는지 더 잘 이해할 수 있도록 도와준다.

스티븐 닐(Stephen Neill) 주교는 수십 년간 인도에서 사역했던 위대한 선교사요 신학자였다. 그는 종교 간의 대화를 열심히 추구하였는데, 그것은 언제나 예수님이 인류의 유일한 참구원자시라는 깊은 확신에서 우러난 것이었다. 힌두교인과 그리스도인의 관계에 대한 다음 논평은 우리의 삶을 좌우하는 중요한 질문과 대답을 다 함께 탐색하는 종교 간 대화의 중요성을 부각시키고 있다.

그리스도인의 과업은 [타인의] 눈앞에서 예수 그리스도의 삶을 살아내는 것이다. 그들은 그분을 볼 수 없다. 그리고 그분을 따르는 자들의 삶 속에서 그분을 볼 수 없다면 그분을 결코 볼 수 없을 것이다. 만일 그리스도인이 마땅히 요구되는 만큼 다른 이들과 차별성 있게 살아간다면, 그를 바라보는 그들의 마음에는 의문이 떠오르게 될 것이다. 이는 그리스도인이 그런 의문들을 예리하게 다듬어 줄 수 있는 기회가 된다. 그리고 그와 같은 의문에 대해 힌두교가 제공하는 대답이 아주 만족스럽지 않다는 것을 제시하게 하며, 기꺼이 듣고자 하는 이들에게 인간의 모든 의문에 대해 흡족한 대답을 얻을 수 있는 유일한 분, 곧 주 예수 그리스도를 가리킬 수 있게 해줄 것이다.[4]

10. 다원주의 세계에서의 기독교적 리더십

"영화 산업은 정신병원이야. 미치광이들이 꽉 잡고 있단 말이야!"

나는 순간 근본주의 설교자들이 영화 산업의 해악을 단죄하는 것을 듣곤 했던 어린 시절로 돌아간 듯한 느낌을 받았다. 그런데 이 말을 한 사람은 그저 소박한 부흥사가 아니라 할리우드에서 중요한 직책을 맡고 있던 인물이었다. 최근에 와서 그는 자기가 택한 그 분야에서 과연 그리스도인의 정체성을 유지할 수 있을지 의아해하기 시작한 것이다.

물론 그 사람만 그런 문제로 씨름하는 것은 아니다. 내가 아는 한 젊은 기자는 고용주가 기대하는 내용의 '뉴스거리'를 쓰면서 기독교적 표준을 위배하게 된다고 종종 우려하곤 한다. 변호사인 한 친구는 자기가 속한 기업법 분야에서 어떻게 그리스도를 섬길 수 있을지 무척 난감해하고 있다. 주의회에서 일하는 친구는 자기의 영혼을 잃어버리지 않고서도 정치인으로 계속 활동할 수 있을지 확신하지 못하고 있다.

이런 그리스도인들은 한결같이 신념 있는 시민교양의 문제로 씨름하고 있다. 그들은 자기 분야에서 지도자로 인정받고 있지만 스스로 그런 인정을 원하고 있는 것 같지는 않다. 그리스도인이 자기의 가치관과 신념을 시시때

때로 타협해야 하는 환경에 처해 있다면 과연 그 정체성을 유지할 수 있겠는가?

이 중요한 질문에 대한 어떤 손쉬운 해답이 내게 있는 것은 아니다. 나는 이 문제에 대해 나름의 선입견을 가지고 있다. 나는 그런 사람들에게 거기에 그냥 머물러 있으면서 계속 리더십을 행사하라고 말하는 경향이 있다. 사실 100퍼센트 '세속적'이라고 말할 수 있는 영역은 없다. "땅과 거기 충만한 것…이 다 여호와의 것이로다"(시 24:1). 여기에는 할리우드와 해군과 하버드와 미네소타 입법부가 모두 포함된다.

물론 때로는 복음에 순종하기 위해서 저질스런 기관과 활동에서 손을 떼야 하는 경우도 있다. 오늘날 주님의 땅에 존재하는 일부 기관과 활동은 기독교적인 방식으로 이끌어 가는 것이 불가능하기 때문이다.

그러나 너무 성급하게 패배를 시인하지 말자. 나는 그리스도인이 다양한 분야에서 리더십을 발휘하게 되기를 바란다. 어떻게 그렇게 할 수 있는지 생각하려면 먼저 리더십에 대한 일반적인 이야기부터 하는 것이 좋겠다.

변혁적 리더십

제임스 맥그리거 번즈(James MacGregor Burns)는 리더십의 역사와 이론의 대가다. 이 주제에 관한 치밀한 학문적 연구서인 「리더십 강의」(*Leadership*, 생각의나무)에서, 번즈는 위대한 지도자들이 어떻게 자기 과업을 수행했는지를 묘사할 뿐 아니라 지도자가 어떤 방식으로 지도력을 발휘해야 하는지도 밝히고 있다.

가장 흔한 리더십의 유형은 번즈가 **상호 거래적** 유형이라고 부르는 것이다. 이것은 지도자와 추종자의 관계가 일종의 거래에 기초하고 있는 경우다.

양자 모두 그런 관계에서 무엇인가를 얻으려 한다. 이익 집단은 특정 정치인이 자기들의 대의를 증진시켜 주기를 원하고, 또 그 정치인은 다음 선거에서 그 이익 집단이 자기를 지지해 주기를 바란다. 이런 '거래'를 염두에 두고 그 집단은 그 정치인의 리더십을 받아들인다.

번즈는 무척 현실적이기 때문에 이런 거래형 리더십이 완전히 근절될 수 없다는 것을 안다. 그것이 적절한 테두리 안에서만 진행된다면 굳이 악한 리더십이라고 볼 수도 없다. 하지만 이 유형이, 번즈가 '마키아벨리식' 관계라고 부르는 유형으로 전락할 소지가 있는 것도 사실이다. 그것은 나쁜 유형에 속하는데, 사실 마키아벨리식 지도자는 지도자가 아니기 때문이다. 마키아벨리식 관계에서는 지도자의 진짜 목표가 "다른 사람들을 **이끄는** 것이 아니라 그들을 관리하고 조종하는 것"이다.[1]

최상의 리더십은 번즈가 **변혁적** 리더십이라고 이름 붙인 것이다. 이 리더십은 지도자와 추종자 모두 상호 관계에 의해 기꺼이 변화되고자 하는 경우에 생겨난다. 양자가 각각 '동기와 도덕 면에서 더 높은 차원으로' 상승하기 원함으로써 그들의 상호 작용이 '양자에게 변혁적 효과'를 일으키게 되는 것이다.[2]

이러한 번즈의 구분은 교회 밖의 세상에서 리더십을 발휘하고자 하는 교양 있는 그리스도인에게 매우 중요하다.

수용력

변혁적인 지도자는 타인을 잘 수용한다. 자신이 기꺼이 변화되고 싶은 마음이 없이는 효과적인 변화를 도모할 수 없는 법이다. 이것은 아주 심오한 성경적 개념이다. 하지만 위험 부담이 따르는 일이기도 하다.

일부 그리스도인은 비기독교적 환경에 개입할 때 '타협하게 될까 봐' 우려한다. 나는 그들의 모습을 보면서 이런 생각이 든다. 그들은 그런 환경에서 일하면서 **긍정적인** 영향도 받게 되는데, 그 같은 경험을 어떻게 해석해야 할지 모르는 것이다.

언젠가 내가 만났던 한 선교사에게 바로 그런 일이 일어났다. 그의 가족은 제3세계의 한 마을에서 수년간 일한 후 안식년을 맞이하여 집으로 돌아온 상태였다. 그는 이렇게 말했다. "내가 그곳에 처음 도착했을 때 그 마을에 대해 가졌던 태도와 지금의 태도는 전혀 다릅니다. 나는 거기 사는 사람들에게 온갖 것을 가르치고 싶은 열정을 품고 그곳에 갔습니다. 그리고 지금도 복음이 그 지역에서 능력을 발휘하기를 소원하는 마음이 간절합니다. 그러나 우리 가족은 우리가 가르친 것보다 배운 것이 훨씬 더 많다고 느끼고 있습니다!"

회사와 공적인 영역을 '선교지'로 생각하며 일하는 북미 그리스도인 가운데도 이런 경험을 하는 사람이 많이 있다. 그들은 직업 현장에서 복음의 능력이 충만하게 임하도록 애쓰고 있다. 그들이 각각의 분야―정치, 연예, 학문, 사업 등―에 진입했을 때만 해도 그곳에서 달갑지 않은 경험을 많이 할 것이라 예상하고 있었다. 그런데 현실이 언제나 그처럼 천편일률적이지만은 않다는 사실도 새삼 발견하고 있다. 이들 분야에서 일하는 사람은 여러 복합적이고 미묘한 문제들과 싸워야 한다는 것을 인식하게 된 것이다.

그들은 이 모든 것을 일종의 부담으로 느끼기 시작했다. 그들은 자신이 가르치는 만큼이나 많은 것들을 배우고 있다는 점을 발견한다. 그리고 세상의 가치관을 받아들여서 자신의 기독교적 민감성이 둔화되지 않았나 염려한다.

물론 그들의 민감성이 **둔화되고 있을지도** 모른다. 이는 상황이 위험하다는 것을 보여 준다. 하지만 어떤 그리스도인의 경우에는 그 민감성이 **확장되고 있을지도 모른다.** 우리는 변혁적 지도자로서 타인과의 상호 작용을 계기로 우리의 민감성이 확장되기를 바란다.

시민교양이란 우리가 리더십을 발휘함으로써 우리 자신도 기꺼이 변화되기를 바라는 것이다. 우리가 하나님의 부르심을 좇아 어떤 영역으로 들어갈 때 아무런 변화 없이 그대로 남아 있으리라고 예상해서는 안 된다. 그리고 그렇기를 바라서도 안 된다. 구약 성경에는 중요한 두 부류의 지도자가 나오는데, 바로 예언자와 제사장이다. 이 두 유형은 히브리 사회의 두 가지 중재 역할을 보여 주는 좋은 예로 신학자들이 종종 언급하곤 한다. 예언자는 하나님의 뜻을 백성에게 전달했는데, 예언 메시지는 흔히 '주께서 말씀하시기를'이라는 어구로 시작했다. 반면 제사장은 백성의 관심사를 하나님께 전달했는데, 백성을 대표하여 그들의 죄의 고백과 가장 깊은 관심사를 하나님 앞에 들고 나갔다.

확신 있는 그리스도인은 예언자로서 공적인 영역에 들어가는 경우가 많다. 우리는 하나님이 그들에게 기대하시는 것이 무엇인지 말해 주기 원한다. 그리고 이것은 정당한 역할이다. 실로 하나님은 우리가 공적인 삶의 영역에서 정의와 공의가 세워지기를 바라시는 하나님의 뜻을 나타내기를 기대하신다.

그러나 제사장의 역할도 아주 중요하다. 이것은 보통 예언자의 역할을 수행하는 데 필요한 준비 단계에 해당한다. 사람들은 우리가 그들의 관심사를 잘 듣고 이해했다고 확신하기 전까지는 우리의 예언적 메시지를 귀담아 들으려 하지 않을 것이다. 변혁적 리더십의 요건은 진심으로 타인의 소리에 귀를 기울이고, 그들의 가장 깊은 관심사에 대한 관점에 감정 이입을 통한 열린 자세를 취하는 것이다. 우리가 먼저 제사장으로서 그들에게 다가갈 때에만 결국 예언자의 역할도 수행할 수 있다는 말이다.

그런데 이처럼 제사장으로서 타인과 동일시되는 일은 단지 '전략적인' 행위에 불과하지 않다. 상대방이 우리 메시지에 귀를 기울이게 하기 위해서 잠깐 경청하는 몸짓을 보이는 것이 아니라는 말이다. 진정한 경청은 우리가 듣는 내용에 의해 기꺼이 변화되려는 자세를 의미한다. 우리 스스로 변화되고자 하는 마음 없이는 다른 사람을 변화시킬 수 없는 법이다.

우리는 예수님 안에서 제사장과 예언자의 역할이 결합된 모습을 볼 수 있다. 예수님은 하나님으로부터 온 말씀(the Word)이신 동시에 우리의 두려움과 시험을 자기 몸에 짊어지는 종(the Servant)이시다. 예수님은 자신이 지도하고자 하시는 이들에게 깊은 영향을 받으시는 변혁적 지도자의 탁월한 본보기다.

이는 성경에서 가장 짧은 구절인 요한복음 11:35에 뚜렷이 나타나는데, KJV 성경은 "예수께서 눈물을 흘리셨다"고 번역한다. 이 대목에는 예수님이 나사로를 죽은 상태에서 살리시기 직전의 순간이 나타나 있다. 그런데 그분은 곧장 그 비극의 현장 속으로 걸어 들어가서 자신의 권능을 발휘하시지 않는다. 그분은 나사로의 가족과 친구들의 슬픔에 마음이 동요하셨고, 그 슬픔이 자기의 영혼을 가득 채우도록 잠시 허용하신 것이다.

그리스도인이 타인에 의해 변화되고자 하는 열린 자세에는 경계선이 존재한다. 우리가 다른 사람과의 만남을 통해서 변화되고자 하는 것이 완전히 개방된 자세, 즉 '무엇이든 좋다'는 태도를 의미하지는 않는다. 그리스도인은 카멜레온이 되도록 부름받은 것이 아니다.

사도 바울은 이 점을 분명히 밝히고 있다. 고린도전서 9장에서 그는 자신이 각각 다른 집단에 대해 어떻게 다르게 처신하는지 묘사하고 있다. 그는 "여러 사람에게 내가 여러 모양이 되었다"고 말한다. 그렇지만 그가 아무런 원칙도 없이 그렇게 한다는 말은 아닌데, 곧 이어서 "내가 복음을 위하여 모든 것을 행한다"고 고백하고 있기 때문이다(고전 9:22-23).

우리가 앞 장에서 간략하게 언급한 것인데, 예수님이 사회적 평판이 나쁜 이들과 어울리신 모습을 살펴보는 것이 적절할 것 같다. 예수님을 비판한 자들은 주님이 로마 제국의 협력자, 창녀, 술주정뱅이 같은 사람들과 기꺼이 식탁을 같이하는 데 대해 줄곧 불만을 토로하였다. "너희가 어찌하여 세리와 죄인과 함께 먹고 마시느냐?" 하고 그들이 물었다. 예수님의 대답을 살펴보면 그분이 그 식객들의 가치관을 그대로 용납하는 것이 아니라는 점을 분명히 밝히고 있다. "내가 의인을 부르러 온 것이 아니요, 죄인을 불러 회개시키러 왔노라"(눅 5:30, 32).

우리가 공적 영역에서 수행하는 제사장 직분도 '복음을 위한' 것이라야 한다. 우리는 모든 인간에게 죄를 회개하도록 요구하는 하나님의 표준을 결코 잊어서는 안 된다. 그리고 이는 우리가 리더십을 행사할 때 우리가 누구인지 그리고 우리가 무엇을 믿는지를 아는 것이 매우 중요함을 의미한다.

중간 지대 찾기

우리는 공적 리더십을 발휘할 때, 우리 자신이 **변화되려고** 애쓸 뿐 아니라 또한 그 영역을 **변화시키고자** 노력한다. 이처럼 변혁적 지도력이 지닌 좀더 능동적인 면은 어떤 것인가? 리더십의 이런 측면에 어울리는 태도와 전략은 무엇인가?

여기서 사람들은 때때로 잘못된 양자택일에 빠지곤 한다. 그들은 법과 정책을 동원하여 사람들이 우리의 비전에 순응하도록 강요하거나, **혹은** 우리의 '사적인' 확신을 우리 가운데서만 품고 있거나 둘 중 하나를 택해야 한다고 생각한다. 조지 윌(George Will)은 이 문제에 대해 훌륭한 견해를 제시하는데, 그는 '강요와 무관심'만이 공적 영역에서 우리에게 주어진 유일한 대안이 아니라고 주장한다. 그는 이 두 가지 대안 사이에 "설득, 동기 유발, 더 나은 삶을 위한 비강제적인 격려 등으로 이루어진 광범위한 영역"이 존재한다고 말한다.[3]

윌은 주로 정치를 염두에 두고 있으며, 물론 강제와 무관심이 언제나 부적절한 정치적 전략이라고 생각하는 것은 아니다. 우리에게는 해야 할 것과 하지 말아야 할 것을 강제하는 공적인 질서가 필요하다. 그리고 정부가 상당수의 신념과 행위에 대해서 '무관심한' 것이 바람직할 때도 있다. 하지만 윌의 중요한 논점은 모든 것이 이 두 가지 범주에 포함되는 것은 아니라는 점이다. 공적인 질서가 강제성을 띠어서도 안 되고 무관심해서도 안 되는 사안들이 엄연히 존재한다.

이 점은 정치 이외의 영역에도 적용된다. 이를테면, 할리우드에 몸담은 그리스도인들이 때때로 영화 산업의 정책과 규율을 바꾸려고 애써야 할 경우가 있다. 한편으로는, 어떤 문제에 대해 확고한 개인적 신념을 가지고 있음에도 무관심한 태도를 취해야 할 때도 있는 법이다. 여기에도 광범위한 중간 지대가 있는데, 거기서 지도자는 "설득, 동기 유발, 더 나은 삶을 위한 비강제적인 격려" 등을 사용할 수 있다.

번즈가 변혁적 지도력의 방식에 대해 이야기할 때도 이 같은 광범위한 중간 지대를 염두에 두고 있다. 그는 우리가 여러 다양한 방식으로 삶을 변혁시키고자 노력할 수 있다고 말한다. 그 방법이란 "끌어올리기, 동기를 부여하기, 감화시키기, 칭찬하기, 격상시키기, 설교하기, 권고하기, 전도하기" 등과 같은 것들이다. 물론 번즈는 이런 노력이 때로는 무척 '도덕주의적' 성향을 띨 수 있다는 것을 알고 있다. 그러나 그것이 "지도자와 추종자 양편의 행동 수준과 윤리적 열망을 끌어올리고 그로써 양편을 변혁시키는 효과를 낳는다면" 긍정적 변화를 일으킬 수 있는 것이다.[4]

번즈의 경우 변혁적 지도력은 궁극적으로 **가르침**의 형태로 그 기능을 발휘한다. 그는 지도하는 것과 교육하는 것은 병행한다고 생각한다. 변혁적 지도자는 주입식 혹은 강압적 방법을 사용하지 않고 교육적으로 접근한다. 다양한 영역에서 활동하는 그리스도인 지도자들은 직업 현장에서 말과 행위로써 대안적인 신념과 가치관을 소개하는 이른바 교사의 역할을 담당할 수 있다.

좋은 교사는 진심으로 자기 학생들에게 선한 영향력을 미치고 싶어 한다. 하지만 가르침이라는 것이 일차적으로 강압에 의존해서 이루어질 수는 없다는 것도 알고 있다. 그리고 무관심한 자세로도 결코 가르칠 수 없는 법이다.

유능한 교사는 잘 배우는 자가 될 필요가 있다. 가르침은 그저 정보를 나누어 주는 것이 아니다. 내가 교단에 설 때에는 내가 가르치는 과목이 내 앞에 앉아 있는 학생들을 풍요롭게 하고 그들에게 능력을 부여하게 되기를 바라는 마음이 있어야 한다. 그것은 내가 그 내용을 과거에 얼마나 많이 가르쳤는지에 상관없이 교실에 설 때마다 새로운 자세로 임해야 함을 의미한다. 새로운 학생들과 만날 때마다 상호 작용을 통해서 나 역시 기꺼이 변화되고자 하는 자세를 지녀야 하는 것이다.

공적인 가르침은 일종의 해석이다

그러면 우리가 몸담고 있는 더 넓은 세계에서 기독교적 리더십을 발휘하려면 이 가르침의 사역을 어떻게 수행해야 하겠는가? 공적인 가르침에는 여러 측면이 있으나 맥스 드프리(Max DePree)는 아주 간명한 공식으로 그 핵심을 파악하고 있다. "지도자의 일차적인 책임은 실재를 정의하는 일이다."[5] 지도자는 실로 자기 주위에서 일어나고 있는 현실을 제대로 파악하고 있어야 한다. 그리고 다른 이들이 그 현실을 정직하게 직시할 수 있도록 도울 필요가 있다.

어떻게 그렇게 할 수 있을까? 다른 사람들이 '실재를 정의할 수' 있도록 어떻게 도울 수 있을까?

'가리키는' 행동을 통해서. 우리는 사람들이 실재를 해석하도록 돕는 데 비언어적 행위가 지닌 능력을 과소평가하면 안 된다.

내 친구 중에는 로마 가톨릭 교회에 속한 이들이 많은데, 그들은 더 이상 전통적인 의식용 예복을 입지 않아도 된다는 소식을 듣고 크게 환영했다. 이 문제에 대한 그들의 정서를 나는 존중한다. 나는 가톨릭이 제2차 바티칸 공의회 이전 시대의 규율과 규제로 되돌아가는 것을 원치 않는다.

하지만 일부 가톨릭 '종파'가 아직도 특유한 복장 규약을 고수하고 있는 것에 대해 내가 흐뭇하게 생각하고 있음을 고백해야겠다. 최근에 비행기를 탄 적이 있었는데, 건너편에 젊은 수녀가 앉아 있었다. 그녀는 아무래도 이 십대를 넘지 않아 보였고 완전히 전통적인 예복 차림이었다. 아주 매력이 넘치는 젊은 여성이었는데 고요하고 평온한 분위기를 풍겼으며 여행하는 내내 영성에 관한 책에만 몰두하고 있었다.

나는 비행기를 내리며 그녀에게 무엇인가를 말하고 싶은 충동을 느꼈다. 내가 하고 싶었던 말 한마디는 "당신의 모습 그대로를 인해 감사드립니다"라는 것이었다. 그녀는 많은 승객들 한가운데서 한 마디 말도 하지 않았지만 하나님 나라의 실재를 가리키고 있었던 것이다. 누구든 그녀를 쳐다보기만 해도 기독교 제자도의 가치관이 여전히 생생하게 살아 있음을 느낄 수 있었다.

음식점에서 기도하는 것도 이와 다를 바 없다고 생각한다. 나는 공공장소에서 음식을 먹기 전에 종종 머리를 숙이고 하나님께 감사 기도를 드린다. 언젠가 그리스도인 친구 하나가 왜 그렇게 하느냐고 반박한 적이 있다. "그처럼 많은 사람에게 둘러싸여 있는 분위기에서 어떻게 경건한 마음을 불러일으킬 수 있는지 이해가 되지 않는다"고 그가 말했다. 그리고 "나는 더 이상 그런 행동을 하지 않아. 그건 공공연하게 자기 영성을 과시하는 것에 지나지 않기 때문이지"라고 덧붙였다.

물론 그런 유의 공적인 행동을 할 때 동기를 점검해 보아야 한다는 그의 주장은 옳다. 그러나 나는 음식점에서 기도할 때, 종종 아주 '경건한' 느낌이 들지 않는다 해도 대수롭게 생각하지 않는다. 또한 그것이 공공연한 '과시'라고 주장한다고 해서 마음이 상하는 것도 아니다. 어떤 면에서는 그것을 그냥 있는 그대로 받아주면 된다.

세속화가 심화되고 있는 우리 문화에서는 공적 영역에서 공식적으로 보증되는 영성이라는 개념 자체가 지속적인 공격 대상이 되고 있다. 공립학교 이사회에서는 교실에서 기도하는 것을 금지했다. 종교적 상징과 노래—십자가, 구유, (유대교의) 장식 촛대, 크리스마스 캐럴 등—가 공적인 영역에서 사라져 버렸다.

이런 추세에 대해 나도 할 말이 있다. 어떤 동료 시민이 이런 종교적 표시로 인해 마음이 상하는 것을 충분히 이해할 수 있고 또한 그들의 민감성을 존중하고 싶다. 그러나 그들에게 얘기하고 싶은 것은, 나도 종교적 신념을 '사적인' 영역으로 격하시킬 수 없다는 점이다.

고도로 세속화된 사회일지라도 나에게는 음식점에서 기도할 권리가 있다. 나는 조직화된 종교에 의해 상처받는 이들을 위해 기꺼이 융통성을 발휘할 의향이 있지만, 그런 기도는 내 신앙이 대단히 **공적인** 사안임을 타인에게 보여 주는 비강제적 방법이다. 음식점에서 기도하는 것은 실재를 해석하는 행위다. 그것은 내가 그 공적인 장소에 들어갈 때에도 여전히 하나님의 임재 가운데 있음을 확신하는 깊은 신념을 증거하는 행위다. 그곳은 그분의 음식점이다. 그것은 그분의 음식이다. 나는 그분의 피조물이다. 그 순간 내가 아주 '영적인' 감흥을 느끼지 못하더라도, 조용하고도 비강제적인 방식으로 나는 이런 '말'을 하고 싶은 것이다.

우리의 언행에 대한 이유를 기꺼이 밝히는 것을 통해서. 대통령 후보였던 지미 카터는 민주당 전당 대회에서 후보직을 수락하는 연설을 한 직후 자기가 속한 교회 주일학교에 가서 가르쳤다. 기자 한 명이 그가 가르치는 내용에 관한 기사를 쓰려고 거기에 있었다.

그곳에서 카터는 자신이 했던 수락 연설을 차근차근 풀어 나갔다. 연설에서 그는 가난한 자에 대한 관심을 표명했는데, 그 이유는 성경이 하나님은 억압받는 자와 버림받는 자에 관심을 갖고 계신다고 말하기 때문이라고 설명했다. 카터는 또한 평화를 도모하는 일이 중요하다고 강조했는데, 그 이유는 예수님이 우리에게 평화를 이루는 자가 되라고 말씀하셨기 때문이라고 설명했다.

카터의 수락 연설은 노골적으로 '기독교적' 성격을 띠지는 않았다. 그러나 그는 누구에게든지 자기가 표명한 견해가 사실 자기의 믿음에 근거하고 있는 것임을 기꺼이 설명해 주려 했다. 이것은 공적인 교육의 탁월한 모범이라고 생각한다.

우리 그리스도인은 공적 영역에서 '공식적' 행사가 열릴 때 특별한 종류의 담론이 요구된다는 것을 유념할 필요가 있다. 어떤 사람이 공적인 연단을 이용해서 기독교적 견해를 노골적으로 줄줄이 내뱉는다면 얼마 안 가 사람들은 그의 말을 들으려 하지 않을 것이다.

카터는 이것을 알고 있었다. 하지만 동시에 그는 자기의 언행에 대한 기독교적인 이유를 내적으로 분명히 정립해야 한다는 것도 알고 있었다. 그리고 그 이유를 설명해 달라는 요청을 받았을 때, 그리고 그곳이 적절한 자리일 경우에는 그런 기회를 기꺼이 받아들여야 했던 것이다. 그는 일반 사회에 속한 사람을 끌어다가 자기가 주일학교에서 전하는 말을 듣게 할 수는 없었다. 그러나 누구든지 그의 말을 듣고자 한다면 그 메시지를 들을 수 있게 할 수 있었다.

이것이 사도 베드로의 충고를 명심하는 한 가지 방법일 것이다. "너희 속에 있는 소망에 관한 이유를 묻는 자에게는 대답할 것을 항상 준비하되"(벧전 3:15).

서로 합의한 표준에 호소함으로써. 그리스도의 제자들은 정의와 의와 평화를 증진시키는 일에 헌신하는 자들이다. 이런 관심사는 공적 영역에서 금지된 사항이 아니다. 미국을 비롯한 여러 민주 국가의 경우, 공적 담론의 전통이 형성되는 데 성경의 사상이 큰 영향을 미쳤다. 물론 계몽주의적 합리주의나 이신론과 같은 다른 사조의 영향을 받은 것도 사실이다. 그러나 그런 비기독교적 사조조차도 특정한 성경의 주제를 반향하고 있다.

1970년대에 대통령 선거가 있기 직전, 나는 한 잡지사에서 어떤 포럼에 기고해 줄 것을 요청받았는데, 그 포럼은 다양한 정치 평론가들이 다음 대통령이 어떤 유형의 인물이기를 바라는지 표현하는 장이었다. 단 한 가지 조건은 기고가들이 특정 후보를 거론해서는 안 된다는 것이었다. 나도 내 의견을 썼고, 그 잡지가 출간되었다. 그러고는 얼마 안 되어 내 친구 하나가 내 글을 읽고는 빈정대는 어투로 이렇게 말했다. "이번 선거에서 네가 에이브러햄 링컨을 지지한다는 것을 나는 다 알고 있어!"

그의 해석이 아주 엉뚱한 억측은 아니었다. 링컨은 내가 좋아하는 대통령이다. 나는 특히 그의 연설을 좋아하는데 그 속에는 여러 성경의 주제들이 멋지게 배합되어 있기 때문이다. 즉 평화, 의, 진리, 정의, 회개, 용서, 치유 등과 같은 것들이다. 그렇지만 노골적으로 기독교적 색깔을 띠고 있지는 않다. 그래서 유대인이나 무슬림, 모르몬교인, 크리스천 사이언스의 교인, 힌두교인 등 누구라도 링컨의 연설 내용 중 상당 부분을 공감할 수 있었다.

일부 비판가들은 이것을 아무 형태도 없는 모호한 '시민 종교'라고 말할지 모른다. 하지만 그것은 불공평하다고 생각한다. 링컨은 청중에게 성경적 신앙을 세세히 받아들이도록 고집하지 않으면서도 하나님 중심의 세계관에 입각하여 연설하고 있었다. 링컨의 연설이 만일 오늘날 행해졌다면 그처럼 광범위한 청중으로부터 열렬한 호응을 받지 못했을 것이다. 그럼에도 그는 여전히 교양 있는 그리스도인의 훌륭한 모델이다.

정의, 진리, 회개 등과 같은 주제를 이야기하는 것은 공적 영역에 어울리지 않는 것이 아니다. 이런 주제가 공적 의제에서 높은 우선순위를 차지하도록 노력하는 것은 이런 표준들이 공적 영역에 스며 있는 실재의 중요한 부분임을 주장하는 셈이다. 그런 표준들을 무시하는 사회는 결코 오래갈 수 없을 것이다. 이것을 인정하는 것이 '현실적'이 되는 것 곧 실재를 제대로 이해하는 것이다. 이런 유의 현실주의를 증진하는 것이 그리스도인다운 지도자가 되는 중요한 요건이다.

정신병원에서의 지도력

정신병원에서 정신병자와 함께 일하고 있는 것처럼 느끼고 있는 내 할리우드 친구에게는 이 모든 것이 무슨 의미가 있을까?

나는 그가 영화 산업 분야에서 신념 있는 교양을 개발하기 위해 계속 노력하길 바란다. 그에게 주어진 유일한 대안이 타인을 강요해서 자기의 신념에 복종시키는 것 아니면 무관심한 태도를 견지하는 것밖에 없다고 생각하지 않길 바란다. 나는 그가 자기 동료들이 실재를 제대로 정의하도록 돕는 변혁적 지도자, 곧 가르치는 자가 되기를 원하는 것이다. 그는 '가리키는 행동'을 통해서 이 가르치는 사역을 수행할 수 있다. 즉, 우리가 사는 세상이 바로 하나님의 세상이기에 궁극적으로 정욕과 탐욕에 의해 규정될 수 없음을 사람들에게 주지시키는 행동이다. 그는 기회가 있을 때마다 성경적 세계관을 분명하게 설명할 수 있을 것이다. 그는 사람들에게 그들 영혼 속에 깊이 뿌리박힌 가치관과 신념에 호소함으로써 건전한 모험에 동참하도록 설득할 수 있다. 그리고 이 모든 것을 행하는 과정에서 타인에게 열린 자세를 취함으로써, 진정한 지도자는 배우지 않고는 가르칠 수도 없음을 아는 자임을 입증할 수 있다.

예수님은 이런 유의 리더십을 보여 주신 가장 탁월한 모범이시다.

11. '다른 한편'이라는 것이 존재하지 않을 때
시민교양의 한계

뮤지컬 영화 "지붕 위의 바이올린"(Fiddler on the Roof)에 나오는 유대인 낙농업자 테브예는 제정 러시아에서 아내와 다섯 딸과 함께 살고 있었다. 당시는 모든 것이 변하고 있는 시대였는데 테브예가 보기에 이성 관계보다 그 변화가 더 뚜렷하게 나타나는 곳은 없었다. 자신이 딸 하나를 동네의 홀아비 푸줏간 주인에게 주기로 이미 약속했는데도 불구하고, 그녀는 젊은 재단사와 혼인을 약속했다고 선언한 것이다. 애당초 테브예는 딸의 계획을 들으려 하지 않았지만, 자기 자신과 씨름하다가 마침내 젊은 연인들의 소원을 들어주기로 결심한다.

둘째 딸도 결혼 상대를 스스로 선택하는데, 그녀는 이상주의적 혁명가를 만났다. 그 남자를 다소 좋아하게 된 테브예는 자기 자신과 씨름한 끝에 다시금 변화무쌍한 시대에 승복하기로 한다.

한참 후에 셋째 딸도 결혼하고 싶어 한다. 그녀는 젊은 이방인과 사랑에 빠진다. 이것은 테브예의 깊은 종교적 신념에 위배되는 것이다. 자기 딸 중 하나가 신앙의 테두리를 벗어나 결혼한다는 것은 생각할 수 없는 일이었다. 다시금 스스로 논쟁을 거듭한다. 그는 자기 딸이 사랑에 깊이 빠진 것을 알고 있고, 그녀가 불행해지는 것을 원치 않는다. 그렇지만 자기의 신념을 부인할 수도 없다.

그는 "어떻게 내 믿음과 내 민족을 저버릴 수 있단 말인가?" 하고 스스로에게 묻는다. "내가 그 정도까지 굽힌다면 완전히 부러지고 말 거야!" 그는 잠시 멈추어 생각하고는 이렇게 말하기 시작한다. "다른 한편으로는…." 그러나 다시 숨을 가다듬고 이렇게 외친다. "아니야! 다른 한편이란 없어!"

신념 있는 교양을 개발하려고 애쓰는 자는 누구나 테브예가 도달한 그 순간에 대해 생각해 보지 않으면 안 된다. 우리의 생애 중에도 시민교양으로 해결할 수 없는 순간, 모든 대안을 숙고해 보았지만 우리 신념의 한계 상황에 봉착한 순간에 얼마든지 도달할 수 있다. 더 이상 굽히다가는 부러지고 말 그런 순간 말이다.

나는 여러 교수들이 팀으로 가르치는 리더십 과목에서 정규적으로 강의를 한다. 그런 시간에 나는 주는 것보다 받는 것이 더 많다. 학생들과 사례 연구를 중심으로 토론하는 것은 무척 흥미로운데, 그들 중 많은 이가 큰 교회와 기관과 학교에서 행정 책임을 맡고 있기 때문이다. 우리가 특히 강조하는 것은 경청하는 기술, 갈등의 관리, 집단적 의사 결정 등이다. 나는 이런 훈련이 매우 중요하다고 믿는다. 하지만 나는 이것들이 우리의 사역을 온전히 지탱하기에 불충분할 경우도 있음을 예상하고 그에 대해 토론하자고 제안하곤 한다. 올바른 기술과 방법과 민감성을 모두 발휘했지만 그 결과가 양심의 요구에 거슬리는 수난에 대해서 말이다. 그런 상황에 처하면 "아니야! 다른 한편이란 없어!" 하고 말하는 것밖에는 다른 도리가 없을 것이다.

조직 윤리

내 친구 하나는 교단과의 관계가 거의 깨질 지경에 도달했다고 생각한다. 그는 자신에게 중요한 어떤 이슈에 대해 교회가 가지고 있는 공식 입장에 동의하지 않는다. 그는 적절한 통로로 사태를 바꾸어 보려고 무척 애썼지만 아무 소용이 없었다. 지난 10년간 오히려 사태가 더 악화된 것 같았다.

"교회 윤리에 대한 좋은 책이 없나?" 하고 그가 나에게 물었다. "정부와 관련하여 시민 불복종에 관해 다룬 책은 많이 있는 줄 알지만, 소속된 **교회의 규율과 규정**을 놓고 고심할 때 어떻게 해야 하는지에 대해 정리된 책이 있는지 묻는 걸세."

"별로 없는 것 같네" 하고 내가 대답했다. "어쩌면 가톨릭이 '교회 법규' 문서에서 그 주제에 대해 다룬 자료는 있을지 모르겠네. 하지만 그것이 자네에게 도움이 될지 모르겠어. 누군가가 그 문제를 붙들고 작업을 해야겠군!"

정말 누군가가 이 문제를 다룰 필요가 있다. 교회에서 우리가 시민교양의 한계선까지 밀려날 경우 어떻게 대처해야 하는지에 대한 조언이 필요하기 때문이다.

교회 분쟁

나는 교회에서 일어나는 싸움에 대해 좀 다뤄야겠다. 요즘의 가장 신랄한 밀고 당기기는 교회 공동체 **내에서** 일어나고 있다. 가장 떠들썩한 싸움은 물론 교단 차원의 것이고, 성적 행습, 성, 성경의 권위와 같은 문제에 대한 차이점을 둘러싸고 '교회 분열'이 발생하는 중이다.

나는 '주류' 장로교도다. 적어도 이 글을 쓰고 있는 순간은 그렇다는 말이다. 언젠가 내가 다른 교단으로 옮길 가능성을 배제할 수는 없다. 그런 일이 있다면 아마 우리 부부가 속한 회중이 '브랜드'를 바꾸기로 결정했기 때문일 것이다. 이 회중은 현재 우리가 지역교회에서 바라는 것을 잘 갖추고 있다. 견실한 설교, 은혜로운 예배, 다양한 프로그램과 전도 및 구제 사역 등. 이 회중이 현재 가입되어 있는 교단을 떠나기로 한다면 우리도 따라갈 가능성이 크다.

우리 지역교회가 지금 그런 움직임을 고려하고 있다는 말은 아니다. 우리 교인들의 일반적인 분위기도 내가 생각하는 것과 비슷하다. 교단 측에서 우리가 복음의 대의에 헌신한 교회로서 복음주의적 정체성을 유지하는 일을 방해하지 않는 한 우리는 현상을 유지할 것이다.

실은 내가 섬기는 신학교가 오랫동안 이런 태도를 격려해 왔다. 풀러 신학교는 제2차 세계대전 직후에 이른바 신(新)복음주의를 증진시키기 위해 창립되었다. 창립자들은 근본주의적 심성을 지닌 기존의 복음주의 운동에 새로운 변화가 일어나야 한다고 확신했던 사람들이다. 그중 하나는 분리주의적인 정신이었다. 성경의 권위와 전도 명령에 헌신한 복음주의 신자들은 사소한 신학과 행습의 문제만으로도 다른 신자들에게서 분열되는 성향이 있었다.

풀러 신학교의 창립자들은 이런 성향을 치료하고 싶었다. 그들은 자유주의 교단들의 갱신을 도모하는 그런 신학교가 되기를 원했다. 그래서 학생들에게 주류 교회들을 포기하지 말고 그 구조 내에서 역사적 정통 교리를 굳게 견지하도록 격려했다.

이 전략은 대성공이었다. 다수의 졸업생들이 다양한 교단 내에서 복음적인 사역에 열심히 참여하고 있고, 그들의 리더십이 종종 자유주의 신학을 가진 사람들에게 인정받고 있다.

그러나 항상 쉬운 일은 아니다. 최근에 성(性)을 둘러싼 논쟁이 악화되어 전통적인 가치관과 신념을 품은 사람들을 크게 실망시켰다. 이런 논쟁이 역사적 신앙의 기본 가르침을 조롱하는 분위기에서 벌어지면 사태는 더욱 심각해진다.

나는 동성애 결혼은 물론이고 동성애자를 안수하는 문제에 관한 공개적인 논쟁에 여러 차례 참여했다. 몇몇 경우에는 나와 의견을 달리하는 논객들이 성경의 가르침과 싸우는 모습이 역력하다. 그들은 핵심적인 성경 구절들을 나와는 다르게 해석한다. 나는 그들의 해석이 틀렸다고 생각하지만, 적어도 우리가 논쟁할 때에는 성경이 우리의 견해 형성에서 최고의 참조점이 되어야 한다는 점을 당연시한다.

그런데 언젠가 내가 속한 교단의 한 목사와 그 주제를 놓고 논쟁을 벌일 때는 전혀 달랐다. 그는 나를 '동성애 공포증'을 가진 자로 비난했고, 내가 성경의 가르침에 대해 얘기하려고 하자 나를 비웃는 것이었다. 결국 나는 이렇게 물었다. "로마서 1장에서 동성애에 관해 말하는 것을 당신은 어떻게 해석하시죠?" 그는 손으로 거부하는 제스처를 취하더니 "나는 아예 로마서를 읽지 않소! 사도 바울을 참을 수 없어서 그를 무시하기로 했소!"라고 대꾸했다.

이 발언은 테브예의 "다른 한편은 없다!"란 말과 비슷해 보인다. 만일 그런 견해가 내 교단의 표준적인 관점이라면 나는 분명히 떠나고 싶을 것이다.

양편 모두의 문제

하지만 내가 테브예의 기분을 느낄 때 한 주류 교단의 목사가 자신이 참석했던 어느 총회에 대해 얘기해 준 것을 기억할 필요가 있다. "우리는 큰 싸움을 벌였고 나는 완전히 보수파의 편에 섰어요. 성경의 권위가 걸린 문제라고 생각해서 선택의 여지가 없었지요. 그런데도 내 마음 깊숙이 불편한 느낌이 있었다는 것을 시인해야겠어요. 때로는 우리 보수주의 운동이 무엇을 성취하려고 하는지 의아합니다. 우리가 정말로 우리가 말하는 대로 그리스도의 나라의 목표들에 헌신했는지 의아할 때가 가끔 있답니다."

그녀는 나에게 중요한 점 하나를 상기시키고 있었다. 나 같은 사람은 신학적 자유주의자들과 어울리는 것이 어려울지 모른다. 그렇다고 해서 보수주의자들과 함께하는 것이 항상 더 즐거운 것은 아니다. 나와 비슷한 견해를 가진 사람들 역시 어울리기가 어려울 수 있다. 보수파가 자주 직면하는 큰 유혹 중의 하나는 우리의 대적을 학대하고 싶은 심정이다. 이에 대해 G. K. 체스터턴(Chesterton)이 잘 표현했다. 우리가 우상 숭배의 위험에 빠지는 것은 거짓 신을 숭배할 때뿐 아니라 거짓 마귀를 세울 때이기도 하다! 우리가 우리와 의견을 달리하는 사람들에게 불공평할 때는 하나님이 영광을 받으실 수 없다.

많은 복음주의 교회에서 동료 교인을 불공평하게 학대하는 경우는 예배의 내용을 둘러싸고 싸울 때다. 이런 논쟁은 보통 신학의 문제이기보다 양식의 문제이다. 어떤 찬송과 복음성가를 부를 것인지, 찬송가를 손에 들 것인지 아니면 스크린에다 악보를 쏠 것인지, 설교자는 설교단에서 무슨 옷을 입어야 하는지 등과 같은 것 말이다. 이와 같은 의견불일치를 소위 '예배 전쟁'이라고 부르는 지경에 이르렀다.

도움이 필요하다

한 신약 성경 저자는 동료 그리스도인들에게 "너희 중에 싸움이 어디로부터, 다툼이 어디로부터 나느냐?"(약 4:1)라고 물은 뒤에, 그것이 정욕과 관계가 있다고 말했다. 기독교 공동체 내에서 벌어지는 논쟁도 그런 경우가 많다. 그러나 지극히 중요한 문제를 다루기 때문에 도무지 피할 수 없는 논쟁들도 있는 건 사실이다.

현대 사회가 과거의 여러 시대와 비교하여 더 악한 사회인지 여부는 여기서 결정할 필요가 없지만 오늘날 우리가 많은 악에 둘러싸여 있다는 사실은 의심할 여지가 없다. 때때로 사회 전반적으로 혹은 우리 주변에서 관용의 테두리를 넘어서는 운동과 인물이 등장하곤 한다. 그 예로 신나치주의자들, KKK단, 사탄 숭배자들, 명백한 성적 타락 행위를 아이들에게 가르치는 사람들, 교계에서 이단을 가려내는 데 혈안이 된 이단 사냥꾼들, 그런 사냥꾼에게 빌미를 제공하는 이단자들 등을 들 수 있다.

단순하게 고안된 해결책은 이런 문제를 해결하기에 부적절하다. 더 나은 교육, 더 효과적인 의사소통, 더 발전된 의사 결정 체계, 새로운 갈등 관리 방법들이 있지만 그 어떤 것도 의견 차이가 심각한 수준에 이르렀을 때는 별 소용이 없다.

자기 신념이 투철한 사람들은 테브예처럼 '다른 한편'을 찾을 수 없는 상황에 처할 때가 있음을 경험적으로 알고 있다. 프레드릭 더글라스(Frederick Douglass)는 자기 주인에게서 도망쳐서 노예 제도 반대 투쟁을 주도했고, 코리 텐 붐은 억압받는 이들에게 피난처를 제공해 주었다. 로사 팍스(Rosa Parks)는 어느 날 오후 앨라배마 몽고메리에서 버스를 타는 순간 인종 차별 정책에 더 이상 협조하지 않겠다고 결심했으며, 알렉산더 솔제니친(Aleksandr Solzhenitsyn)은 폭군에 대항하는 도덕적 기반을 견지했다. 그리고 천안문 광장에서 민주주의를 위해 시위하면서 목숨을 잃었던 중국 대학생들도 있다.

우리 역시 그런 상황에 접하게 될 때 단호하게 거부할 수 있는 의지를 갖추고 준비해야 한다. 시민교양으로 충분하지 않을 때 우리가 어떻게 처신해야 하는지 도움을 받을 필요가 있다.

'정당한 전쟁론'의 예

정당한 전쟁론은 합법적인 군사력 사용에 대해 생각할 수 있는 도덕적 틀을 제공하는 것이 그 목적이다. 정당한 전쟁과 관련된 원리가 성경에서 직접 도출된 것은 아니지만, 국가들이 전쟁에 참여할 때 생기는 실제적인 도덕적 문제에 대해 깊이 숙고한 그리스도인 윤리학자들이 수세기에 걸쳐 정립한 이론이다.

나는 이 이론을 지지하는 편인데, 정당한 전쟁의 원리가 비군사적 상황에서도 적실성 있는 때가 종종 있다. 앞에서도 내가 시사했듯이 내 주된 관심사는 정당한 전쟁론이 어떻게 우리의 영적·도덕적 전쟁에서 십자군식의 정신을 피하도록 도울 수 있는가 하는 점이다. 정당한 전쟁 이론은 군사적인 행동을 할 때 무엇이든 허용된다는 식의 사고방식을 경계하도록 고안된 것이다. 우리가 다른 유의 '전쟁'에 임할 때도 이와 똑같은 경계심을 가질 필요가 있다.

우리와 타인 간에 존재하는 차이점을 다룰 때 시민교양만으로는 적절하지 않은 경우가 생기기 마련이다. 그렇다고 해서 이 경우 우리가 시민교양에서 십자군식의 자세로 전환해도 무방하다는 말은 아니다. 우리는 우리가 참여하는 모든 '전쟁'에서 영적·도덕적 지침에 따라 행동해야 한다.

그런 지침이란 어떤 것일까? 이 질문에 그저 정당한 전쟁의 원리를 기계적으로 열거함으로써 답할 생각은 없지만, 일종의 영감을 얻기 위해 그 원리들을 숙고하고자 한다.

내 명분은 정당한가? 이것이 가장 먼저 제기되는 핵심 질문이다. 우리는 죄인이므로 사실 정의의 문제와 별 상관이 없는 논쟁에 휘말리기가 쉽다는 것을 알고 있다. 그리고 설사 그것이 중요한 쟁점이라 해도 우리가 잘못된 입장을 지지할 가능성도 배제할 수 없다. 나 자신도 어떤 주제에 대해 한때 강한 확신을 품고 있다가도 나중에 입장을 바꾸게 된 여러 경험을 통하여, 십자군식으로 밀어붙이기 전에 상당히 신중한 자세가 필요하다는 것을 배우게 되었다.

그러므로 우리는 뜨거운 논쟁에 깊이 관여하기 전에 자신이 과연 올바른 편에 서 있는지를 검토하는 것이 중요하다. "하나님이여 나를 살피사 내 마음을 아시며 나를 시험하사 내 뜻을 아옵소서"(시 139:23).

내 입장은 신빙성 있는 권위에 근거를 두고 있는가? 믿을 만한 권위에 의거한 판단에 호소하는 것은 정당한 전쟁 이론의 중요한 요소다. 수세기에 걸쳐 기독교 공동체는 올바른 권위 구조를 유지하는 것이 매우 중요하다는 사실을 인식해 왔다.

영적 전쟁의 문제에서도 권위를 존중하는 것이 마땅하다. 그렇다고 '공식적인' 후원이 없으면 아무것도 하지 말라는 뜻은 아니다. 사실 어떤 경우에는 '공식적인 입장'에 **반하는** 입장을 견지해야 할 때도 있는 법이다.

그러나 이것이 무정부주의자처럼 행동하는 것에 대한 변명거리가 될 수는 없다. 그리스도인이 된다는 것은 신적 권위를 존중하는 것을 의미하므로 어떤 저항이든 진정한 기독교적 행동은 반(反)권위적 속성을 지닐 수 없다. 하지만 하나님의 후원을 주장하는 것만으로 충분하지는 않다. 성경을 보면 하나님 자신이 우리에게 인간적 권위도 존중해야 한다고 말씀하시기 때문이다. 즉 우리는 어떤 반대 입장을 견지할 때 "론 레인저"(미국 서부 영화 주인공-역주)식으로 접근하지 않도록 매우 조심해야 하는 것이다. 그런 면에서 공동적 분별력을 추구하는 자세가 필요하다.

그러면 마르틴 루터의 경우는 어떤가? 그는 교회 전체의(그리고 정치적인) 권위에 홀로 대항하지 않았는가? "여기에 내가 서 있습니다. 나는 다른 입장을 취할 수 없습니다. 하나님 나를 도우소서!" 그리고 오늘날의 그리스도인은—많은 가톨릭교인도 포함해서—그의 용기 있는 태도를 높이 찬양하지 않는가?

루터의 본보기는 참으로 교훈적이다. 나는 그 위대한 개혁가를 깊이 존경하고 있다. 그러나 "여기에 **내가** 서 있습니다"라는 그의 선언은 루터와 같은 인물이 한 말일지라도 우려를 금할 수 없다. 그가 말한 내용이나 그의 행위가 잘못되었기 때문이 아니라, 그 자체가 위험하기 때문에 그렇다. 그의 뒤를 이어 너무나 많은 그리스도인이 루터의 심사숙고하는 자세도 없이 쉽게 그의 말과 행동을 반복해 왔다.

루터는 교회 전체의 권위에 대항하여 단순히 자신의 사적인 해석을 발표한 것이 아니다. 그는 성경과 기독교 전통을 대단히 주의 깊게 연구했다. 그는 신뢰할 만한 친구와 동료들의 조언을 구하기도 했다. 이처럼 루터는 더 큰 기독교 공동체의 현명한 자문을 열심히 구했던 것이다. 주의 깊게 그리고 기도하는 자세로 공동체의 분별력을 구하지도 않고 "**다른 한편**이란 존재하지 않는다"는 식으로 말해서는 안 된다는 것을 그는 알고 있었다.

내 동기는 순수한가? 우리는 아무리 좋은 명분이라도 그것이 나쁜 동기에서 나온 것은 아닌지 점검해야 한다.

우리는 영적·도덕적 투쟁에 임할 때 실제로 성취하고자 하는 것이 무엇인지 주의 깊게 살펴볼 필요가 있다. 우리 명분이 전적으로 변호할 만한 것일 수 있지만, 그것이 **참으로** 우리의 동기를 유발하는 것인지 자문해 보아야 한다. 혹시 다른 이유로 이 문제에 뛰어들지는 않았는가? 우리의 세력을 하나로 묶어 줄 명분을 찾고 있었던 것은 아닌가? 우리가 지금 추구하는 것이 권력이나 복수 혹은 명성은 아닌가?

시민교양의 선을 넘는 것이 과연 최후의 방책인가? 이 질문은 전략을 선택할 때 **철저한 자세**를 취하는 것이 중요하다는 점을 부각시킨다. 군사적 상황에서 보면, 이는 우리가 폭력적인 해결책을 택하기 전에 갈등 해소를 위해 다른 모든 수단을 강구할 필요가 있음을 시사한다. 영적·도덕적 전쟁의 경우에도 이와 병행해야 할 고려 사항이 있다. 우리는 정말 시민교양의 자원을 모조리 활용해 보았는가?

시민교양이란 대화를 계속하겠다는 일종의 다짐이다. 그것은 우리가 감정 이입의 노력을 그만두고 싶은 유혹에 쉽게 굴복하지 않겠다는 의지의 표현이다. 우리는 어떤 개인이나 집단에 대해 너무 빨리 포기해서는 안 된다. 협상 전략에서 사용하는 용어를 따르자면, 우리가 미처 고려하지 못한 대안 중에 '윈윈'의 결과를 가져올 안이 있지 않나 계속해서 물어보아야 한다는 말이다.

때로는 정중한 대화로 충분하지 않아 시민교양의 선을 넘어서야 할 경우도 있다. 그럼에도 시민교양의 기본적인 요건은 결코 무시할 수 없다. 그리스도인은 교양이 **못 미치는** 인물이 될 권리가 없기 때문이다. 오직 한 가지 대안이 있다면 **단순한** 교양을 초월하는 것뿐이다.

성공할 가능성이 있는가? 미국의 가톨릭 주교들은 화해에 관해 쓴 1983년 목회 서신에서 이 기준에 대해 유익한 논평을 했다. 그들은 '비합리적인 힘의 사용'과 '쓸데없는 저항'을 피하는 것이 중요하다고 말했다. 그러나 곧이어 그들은 때로 "아주 불리한 상황임에도 불구하고, 핵심적인 가치들을 옹호하는 것" 자체가 우리가 겨냥하는 일종의 '성공'이라고 덧붙였다.[1]

여기서 핵심 주장은 모든 것을 실용주의적 가치로 저울질해서는 안 된다는 것이다. 주교들이 이런 유형의 사고방식을 피하도록 경고하는 것은 아주 옳은 것이다. 우리가 그 결과를 뻔히 예측할 수 있지만 그와 상관없이 옳은 일을 행해야만 할 때가 있기 때문이다. 하지만 우리는 긍정적인 결과가 더 이상 문제 되지 않는 지점까지 갈 필요도 있다.

내가 아는 어떤 사람은 다른 이들이 내린 결정에 대한 항거의 일환으로 그 기관의 중요한 직책에서 사임하기로 결정했다. 세월이 한참 지난 후, 외롭고 비통해진 그는 자기가 너무 성급하게 행동한 것은 아닌지 큰 의구심에 빠지게 되었다. 어떤 상황에서는, 당시 과감한 도덕적 입장이라고 생각했던 것이 얼마 안 가서 자신을 제외한 모든 이들의 기억에서 사라지는 쓸데없는 대응으로 판명될 수 있다.

내가 사용하는 수단이 내가 추구하는 선한 목표에 걸맞은가? 우리는 비용-수익의 분석을 회피하려 해서는 안 된다. '상충 관계'(trade-off)도 중요한 문제다. 만일 내가 이 시점에서 정중한 대화를 그만둔다면, 어떤 결과를 낳을 것인가? 그것이 진정 내가 원하는 결과인가? 내가 관심을 두고 있는 다른 모든 것을 감안할 때 그것들과 맞바꿀 만한 결과인가?

일부 그리스도인 학자들은 로마 교회와 결별하기로 한 마르틴 루터의 결정이 이 균형의 기준을 충족시키지 못했다고 주장해 왔다. 그의 행동은 그 자체로는 충분한 타당성을 지니고 있었다. 그러나 그의 결정이 교회 생활에 전반적으로 미친 영향을 고찰해 보라. 그것은 한마디로 분열의 정신을 고취하는 결과를 낳았다. 루터의 표어 "여기에 내가 서 있습니다"는 너무나 많이 반복되어 사용되었다. 그보다 못한 명분을 가진 지도자들이 그의 모범을 좇아 정당한 권위에 대항해서 반역을 일삼았다.

내가 이런 분석에 동조한다는 말은 아니지만, 이런 비판가들이 제기하는 문제는 정당한 것이다. 하나님은 우리가 스스로의 행동에 대해 책임지기를 원하신다. 그러므로 어떤 행동을 염두에 두고 있다면 그 결과가 어떨지 미리 주의 깊게 생각해 보지 않으면 안 되는 것이다.

전쟁에서도 친절을 베푼다?

성 아우구스티누스는 정당한 전쟁의 기본 원칙 일부를 논리적으로 정리한 최초의 기독교 사상가 중 하나다. 그의 일차적인 의도는 평화주의를 반대하는 것이 아니라 이방 세계에서 만연하던, 폭력에 대한 종교적 열정을 저지하려는 것이었다. 당시만 해도 많은 사람들이 전쟁의 신을 섬기고자 헌신했다. 군사적 행동에 영적인 가치를 부여했던 것이다.

아우구스티누스는 이 죄 많은 세상에서는 때때로 폭력이 도덕적으로 필요하다고 믿었다. 그러나 기독교적 관점에서 볼 때 전쟁이 위험하다는 것도 알고 있었다. 그는 언젠가 친구에게 쓴 글에서, 악행을 일삼는 자를 벌함으로써 외부의 적들을 정복하는 일에는 성공하겠지만, 우리 자신은 "내부의 적" 곧 "부패하고 비뚤어진 마음"에 의해 파괴될 것이라고 했다. 그래서 우리는 "악을 악으로 갚지 않는 친절한 마음"을 계발해야 한다고 그는 덧붙였다. 만일 그렇게 할 수 있다면, "전쟁조차도 친절을 배제한 채 수행되지 않을 것이라는" 것이다.[2]

전쟁에서도 **친절**을 베풀 수 있다는 생각이 이상하게 들릴지 모르겠다. 그런데 사실은 그렇지 않다. 포로를 인간적으로 대우하는 것, 민간인의 권리를 존중하는 것, 평화 협상이 시작되기 전에는 '완전한 패배'나 '무조건 항복'을 요구하지 않는 것 등이 전쟁 중에도 친절을 베푸는 본보기다.

아우구스티누스는, 그리스도인이 타인에게 하나님의 피조물로서 그들이 마땅히 받아야 할 온유함과 존경을 베풀 책임을 결코 면할 수 없다고 주장했다. 그리고 군사적 행동에서 그것이 적용된다면 영적·도덕적 전쟁에서는 말할 필요도 없다.

어떤 상황에서는 시민교양만으로 해결할 수 없다. 그러나 다시 반복하건대 그 기본적인 요건은 결코 무시할 수 없다. 그리스도인은 친절과 온유함을 제쳐 놓을 권리가 없다는 말이다. 우리가 대적에게 어떤 수단도 불사하는 십자군식 전쟁에 참여하는 것은 결코 정당화될 수 없다. **단순한** 시민교양을 넘어선다는 것은 교양에 **못 미쳐도** 된다는 뜻이 아니다.

그러면 실제 상황에서 그것이 의미하는 바는 무엇인가? 나치와 사탄 숭배자, 합법적 근친상간을 두둔하는 자, 교회 내의 이단들을 어떻게 다루라는 말인가? **그런** 사람들을 온유하고 존경하는 자세로 대우한다는 것은 무슨 뜻인가?

한 가지 의미는, 그들도 하나님의 형상으로 창조된 **인격**이요 여전히 그들에게도 신의 자비가 미칠 수 있음을 잊어서는 안 된다는 것이다. 그것은 우리가 그들과의 대화를 중단할 수 있는 유일한 조건이란, 그들이 타인의 삶을 해치려는 의도를 분명히 보임으로써 우리에게 대화 단절을 **요청하는** 경우에 한한다는 뜻이다. 또한 그들이 멋진 피조물로 활짝 피어나서 자기를 만드신 분을 영화롭게 할 수 있는 잠재력이 있음을 결코 부인하지 않는 것을 뜻한다.

이것들이 무척 어려운 표준임은 말할 필요도 없다. 우리가 하나님의 은혜를 일정하게 얻지 못한다면 그런 표준에 걸맞은 삶을 살 수 없다. 하지만 그렇다고 해서 놀라거나 실망할 필요는 없다. 가톨릭 노동 운동의 창시자 도로시 데이(Dorothy Day)는 자기 인생의 좌우명에서 이 점을 잘 요약했다. "모든 것이 은혜다."

은혜가 없다면 시민교양은 존재할 수 없다. 우리가 시민교양을 **넘어설** 수밖에 없는 순간에 우리를 지탱시킬 수 있는 것은 은혜 말고 무엇이겠는가?

12. 지옥은 무례한 개념인가?

내가 이 책에서 줄곧 주장해 온 바는 정통 기독교의 신념이 강한 자는 더욱 공손한 사람이 되어야 한다는 것이다. 이제 까다로운 질문을 다룰 차례가 되었다. 시민교양을 제대로 계발하려면 우리의 전통적 신념 중 적어도 하나를 버려야 하지 않을까? 친절하고 온유한 사람이 지옥을 믿을 수 있는가?

지옥은 교양 있는 사람들 사이에서 혹평을 받고 있다. 왜 그런지 이해하는 것은 어렵지 않다. 지옥 자체가 도무지 믿기 어려울 정도로 무례한 실체인 것이다. 사실, 우리와 전혀 다른 신념을 가진 자들이 영원히 형벌을 받을 것이라고 믿는 것보다 더 무례한 것을 상상할 수 있는가?

그것은 실로 매우 무례한 믿음인 것 같다. 지옥은 너무 혐오스러워서 내게도 거슬리는 주제다. 그러나 내가 믿는 바에 솔직해야 하리라. 나는 지옥의 실재에 대한 전통적 가르침을 그대로 수용한다. 동시에, 지금쯤 분명해졌으리라 믿는데 나는 공손한 사람이 되기를 무척 갈망한다.

어쩌면 많은 이들이 이 지점에서 내가 불가능한 과업을 성취하려 한다고 말할지 모르겠다. 즉 지옥과 교양은 함께할 수 없다는 것이다. 이장에서는 이 문제에 도전하고자 한다.

전통적 가르침

내가 지옥의 실재에 대한 전통적 가르침을 **수용한다고** 말할 때, 이것은 용어를 상당히 신중하게 선택해서 한 말이다. '수용하다'라는 말은 수동적인 뉘앙스를 풍기는데, 그런 어감이 내 입장을 잘 대변해 준다. 나는 지옥 교리를 그다지 좋아하지 않는다. 만일 나에게 어떤 가르침을 고안할 기회가 주어졌다면 지옥은 제외되었을 것이다. 나는 사람들이 지옥에 가는 것이 달갑지 않다. 아니, 누구도 지옥에 가지 않기를 바란다. 지옥이 텅 빈 상태가 되더라도 나는 결코 불평하지 않을 것이다.

일부 사람들이 지옥에 떨어질 것이라 믿는 신념에 대한 다른 대안은 만인구원설이라고 부르는 가르침이다. 즉 모든 사람이 결국에는 구원을 받으리라는 믿음이다. 만인구원설은 정말 기분 좋은 교리다. 나는 그것이 사실이길 바란다. 하지만 안타깝게도 나는 만인구원설이 변호 가능한 교리가 아니라고 믿을 수밖에 없다. 신약 성경은 거듭해서 불신에 대해 아주 심각하게 경고하고 있다. 이를테면, 요한복음 3:36을 보라. "아들을 믿는 자에게는 영생이 있고 아들에게 순종하지 아니하는 자는 영생을 보지 못하고 도리어 하나님의 진노가 그 위에 머물러 있느니라." 이 선언은 상당히 단도직입적이고 결정적인 것 같다.

그래서 나는 지옥에 관한 가르침을 좋아하진 않지만 지옥을 하나의 실재로 수용하는 것이다. 수년 전 친구 아들의 장례식에 참석한 적이 있다. 그 젊은이는 마약 거래에 깊이 연루되어 있었고 무장 강도 사건 한복판에서 살해당했다. 그리스도인이었던 그의 어머니는 그에게 인생을 새로 시작하라고 거듭 간청했지만 그는 끝내 거부했다. 나는 장례식에서 하나님의 은혜의 손길이 여전히 그에게 미칠 수 있기를 바란다고 뜨겁게 기도했다. 그런데 나는 내 호소와, 불신에 대한 성경의 경고를 아직 서로 조화시키지 못했다. 그리고 나는 성경이 가르치는 바에 충실하고 싶은 마음이 간절하다.

그렇다고 내가 영원한 벌에 대해 흔히들 갖고 있는 기독교적 이미지에 찬성한다는 말은 아니다. 또한 지옥에 대한 성경의 모든 이미지를 문자적으로 해석한다는 말도 아니다. 예를 들면, 나는 지옥이 문자 그대로 불의 연못이요 동시에 '바깥 어두운' 곳이라고 믿지 않는다.

나는 또한 영원한 저주를 내리는 분을 연상시키는, 하나님에 대한 상투적인 이미지도 달갑지 않다. 지옥에 대한 대중적인 신화는 만화에서 풍자되듯이, 하나님을 속 좁고 좀스러운 이들을 특히 좋아하는 소심한 신으로 그리고 있다.

내가 수용하는 것은 문자적인 지옥불과 신의 보복에 관한 대중적 이미지의 옷을 모두 벗겨 버린, 교회에서 전통적으로 가르쳐 온 가르침이다. 이 견해에 따라 내가 이해한 바는 성경의 하나님은 자기의 창조세계를 혼란케 하는 죄를 미워하신다는 것이다. 그분은 인간의 반역에 대해 매우 분노하시고, 장차 그분이 모든 악을 공공연하게 최종적으로 물리칠 날을 대비하여 이 세상을 준비시키고 계신다. 이런 주제들은 하나님의 성품에 관한 중요한 사실을 우리에게 가르쳐 준다. 즉 성경의 하나님을 그저 낭만적으로 포장된 '하나님은 사랑'이라는 공식에 쉽게 끼워 맞출 수 없다는 점이다.

어느 날 아침 내가 가르치던 학교에서 간식을 먹는 중에 지옥이 화두로 떠올랐다. 우리는 모두 지옥의 실재에 대해 동의했는데, 성경이 그렇게 가르치고 있다고 확신했기 때문이었다. 하지만 우리의 사고와 행위의 수준에서 이 가르침을 강조하는 것이 어렵다는 점도 시인했다. 지옥은 우리가 즐겨 논의하는 주제가 아니었다.

며칠이 지난 후 나는 어떤 수련회에 참가하여 아프리카계 미국인 목사들이 인도하는 예배를 드리게 되었다. '불과 유황'이 설교의 중심 주제였다. 돌아보건대, 이 설교자들이 내가 보통 흔히 접하는 설교자들보다 사회적 불의—특히 가난한 자와 억압받는 자에게 행한 죄들—에 대해 훨씬 더 많이 이야기했음을 알게 되었다. 이 흑인 목사들은 인간의 존엄성이 짓밟히는 경험이 어떤 것인지 체험적으로 알고 있었던 것이다. 인종 차별은 그들에게 너무나 현실적인 문제였다. 그들이 살던 세계는 굶주림과 영양실조와 처절한 가난이 일반적인 현상인 곳이었다.

여기에서 어떤 중요한 교훈을 발견할 수 있는가? 우리가 하나님의 심판에 대해 잘 생각하고 말하지 못하는 현상은 인간의 악을 있는 그대로 직면하기를 거부하는 것과 밀접히 연관된 것 같다. 더 중요한 것은, 우리가 인간의 악을 실제로 얼마나 **느끼고** 있는지와 관계가 있다는 점이다.

영적인 동향을 관찰하는 이들은, 요즈음 지옥을 믿는 그리스도인이 예전보다 줄어들었다고 한다. 이런 사실과 우리 중 많은 이들이 쓰고 있는 (사회적 불의를 보지 못하게 하는) 눈가리개 사이에 어떤 연관성이 있지 않을까? 만일 있다면, 즉 하나님이 얼마나 분노하실지 우리가 도무지 상상할 수 없기 때문에 그분의 진노를 경시한다면, 우리는 가난과 핍박으로 찌든 인생을 사는 그리스도인에게 신학적 교훈을 배울 필요가 있을 것이다.

지옥을 이해하기

지옥에 관해 내가 읽은 책 가운데 가장 잘 쓴 책 하나는 영국 성공회 신학자 피터 툰(Peter Toon)의 저술이다. 툰도 만인구원설을 거부하지만, 지옥에 대해 얘기할 때는 매우 주의해야 한다고 주장한다. 이를테면, 우리는 다른 이들에게 그들이 지옥에 갈 것이라고 말할 수 있는 자격이 없다는 것이다.

그는 또한 지옥의 인구가 얼마나 될지 미리 예측할 만한 성경적 근거도 없다고 주장한다. "다수일 수도, 소수에 불과할 수도 있고, 혹은 전혀 없을 수도 있다. 오직 하나님만이 아신다."

성경은 지옥에 관해 언급할 때 풍부하고 다양한 이미지를 사용한다. 성경이 이 주제에 대해 체계적인 논의를 하고 있지 않다면, 당연히 우리도 "그 최소한의 내용을 넘어서서 이야기하는 것을 피해야" 한다고 툰은 충고한다. 우리는 내세의 성격에 관해 논쟁하고 지옥의 '필요성'을 그럴듯하게 변호하는 것을 피해야 한다.[1]

최소한의 내용

이제까지 내가 주장한 것이 마치 지옥의 교리에 대해 '나는 잘 모른다'는 식의 불가지론처럼 들릴지 모르겠다. 지옥이 **엄연한** 기독교의 가르침 중 하나인 것은 인정하지만, 가능하면 신경을 쓰지 말자는 식으로 말이다!

하지만 그것이 내 의도는 아니다. 툰이 지옥에 관해 말하고 생각할 때 논의를 '최소한의 내용'에 국한시키자고 주장한 것은 옳다. 그런데 그 최소한의 내용은 중요한 정보로 가득 차 있다. 그 내용의 일부는 시민교양의 주제와 상관성이 있으므로 여기서 부각시킬 필요가 있다.

지옥의 실재는 죄의 심각성을 강조한다. 지옥을 부인하는 것은 우리의 죄성을 최소화하는 것과 나란히 등장할 때가 많다. 물론 지옥을 옹호하는 자들도 인간의 사악함을 하찮게 여길 가능성이 있다. 예를 들면, 과거에 개신교와 가톨릭이 서로 싸울 때 패자가 가야 할 곳이 지옥인 것처럼 여길 때가 있었다.

그러나 오늘날에는 우리와 다른 신학을 가진 적이 마땅히 벌을 받아야 하므로 지옥이 필요하다는 식으로 지옥 교리를 두둔하는 자는 거의 없다. 요즈음에는 하나님의 진노를 깎아내리는 방향으로 잘못을 범할 가능성이 더 높다.

죄는 우리를 만드신 하나님을 심하게 모욕하는 것이다. 이는 하나님의 영예가 걸려 있는 문제다. 하나님이 자기 창조세계를 손상시킨 끔찍한 악을 어떻게 다루실지는 그저 몇 마디 표어로 표현될 수 없다.

지옥은 인간의 자유의 중요성을 더욱 부각시킨다. 인간의 자유는 내가 지옥을 이해하는 데 가장 기본이 되는 개념이다. 지옥이란 자유로이 선택한 상태라는 점이 내게는 아주 중요하다.

나는 인간의 자유를 강조하는 한편, 지옥이 사람의 악행 때문에 하나님이 내리시는 '외적인' 벌이라는 생각은 배격해야 했다. 다음 두 가지 개념 중에서 하나를 선택하는 것은 중요한 쟁점이 걸린 결정이다. 지옥은 일차적으로 하나님이 죄인들에게 가하시는 벌인가, 아니면 그들 자신이 스스로에게 부과하는 하나의 상태인가?

하나님이 사람들을 벌하시기 위해 그들을 지옥에 '보낸다'는 개념은 인간의 수동적인 역할을 시사한다. 즉 그들은 내세에서 하나님에게 어떤 행위를 **당하게** 된다는 말이다. 이 견해를 변호하는 자들에 따르면, 지옥이란 하나님이 죄인들에게 벌을 '주시는' 장소다. 다른 한편, 이 견해를 비판하는 자들은 이러한 지옥에 던져지는 사람들을 **희생자**로 보는 경향이 있다. 그들은 영원토록 벌을 받아야 마땅한 사람이 과연 있느냐고 묻는다. 제한된 인생 동안 저지른 악행 때문에 그를 끝없이 괴롭히는 것이 과연 공평한가?

내가 보기에는, 이 논쟁의 양편 모두가 지옥이 외부에서 부과된 벌이라고 생각하는 잘못된 가정에 기초하고 있다. 그와 달리 나는 지옥을 한 사람이 자유로이 선택한 인생 계획의 극치라고 생각한다. 지옥은 하나님이 인간에게 부과하는 어떤 것이 아니라, 인간이 스스로에게 행하는 어떤 것이다.

나는 유명한 웨스트민스터 교리문답을 좋아한다. 인간인 우리의 "주된 목적"은 "하나님을 영화롭게 하고 그분을 영원히 즐거워하는 것"이다. 그러나 우리가 하나님을 영화롭게 할 인생 계획을 세운다 해도, 죄로 인해 그것을 실행할 수 있는 자원을 상실해 버렸다. 그래서 우리는 하나님의 은혜가 절실하게 필요한 것이다. 우리가 하나님이 값없이 주시는 은혜에 자신을 열어 놓는다면, 하나님이 원하시는 인격이 되도록 인생 계획을 짜고 그 계획을 실행할 능력을 얻게 된다. 그러나 만일 우리가 그 은혜를 거부하면, 창조될 때 받은 선한 목적을 왜곡시키는 인생 계획을 따르게 될 것이다.

지옥은 하나님의 은혜를 끈질기게 거부함으로써 초래되는 궁극적이고 불가피한 결과다. 그것은 하나님과의 분리, 즉 건강한 피조물이 될 수 있는 가능성을 스스로 최종적으로 잘라 버린 상태다.

그런데 성경의 이미지는 사람들을 열심히 지옥에 **집어넣는** 모습을 연상시키지 않는가? 분명 그렇다. 죄인들은 "바깥 어두운 데 **쫓겨나**, 거기서 울며 이를 갈"(마 8:12) 것이며, 악인은 "불못에 **던져질**" 것이다(계 20:15).

하지만 이런 표현은 어디까지나 **비유적 이미지**임을 인식하는 것이 중요하다. 지옥을 문자 그대로 바깥 어두운 데요 동시에 불못이라고 주장하면 잘못인 것처럼, '던져진다'는 표현도 문자적으로 해석하면 안 된다. 이 모든 이미지는 결국 하나님의 자비를 얻을 가능성이 완전히 사라진 상태가 얼마나 끔찍한지를 보여 주고자 하는 것이지, 있는 그대로의 모습을 스냅 사진으로 찍어 놓은 것이 아니다.

사람들이 지옥에 '던져지는' 모습은 우리가 스스로를 하나님과 분리시키는 능동적인 역할을 강조하는 성경의 가르침으로 균형 잡을 필요가 있다. 시편 7편은 하나님이 악인을 벌하시려고 "죽일 도구"를 준비하고 계신다고 한다(13절). 그러나 이어서, 악인이 스스로 구덩이를 파지만 "그의 재앙은 자기 머리로 돌아가고 그 포악은 자기 정수리에 내려" 자기가 그 구덩이에 빠진다고 덧붙인다(15-16절). 이와 비슷하게, 로마서 1장에서도 하나님은 악인들이 스스로 선택한 악한 계획을 실행하도록 **내버려 둔다**고 강조하고 있다. C. S. 루이스도 지옥의 출입문은 최종적으로 안에서 닫게 되어 있다고 말한 적이 있다. 지옥이란 바로 하나님이 사람들로 하여금 그분의 임재로부터 스스로를 완전히 차단하는 것을 최종적으로 허용하실 때 이루어지는 것이다. 이는 에덴동산에서 한 뱀의 거짓말―우리가 정말 스스로 신이 될 수 있다는 유혹―이 진실이라고 고집하는 자들에게 닥치는 최후의 결과다. 지옥 교리는 하나님이 내가 선택하는 인생 계획을 침해하지 않을 것이라고 가르친다. 설사 내가 영원토록 홀로 나의 길을 가겠다고 고집하더라도 그런 결정에 따라 살도록 허용되어야 한다는 것이다.

예수회 신학자 존 삭스(John Sachs)가 이 점을 정확하게 파악했다.

인간은 자유로운 존재이기 때문에, 기독교는 인간 속에 있는 신적 존엄성을 인정한다. 인간을 이 정도로 진지하게 여기는 다른 이데올로기는 없다. 이런 의미에서, 지옥에 관한 교회의 가르침을 이렇게 표현할 수 있다. "당신은 중요한 존재다. 당신은 궁극적인 중요성을 가진 존재다. 당신이 평생 하는 일은 결코 무의미하지 않다. 그것은 궁극적인 가치를 지니고 있다."[2]

지옥은 최종 결산이 하나님의 손에 있음을 의미한다. 최후의 심판에 관한 기독교의 가르침은 많은 의문을 불러일으키는데, 현재 우리가 가진 증거만으로는 대답할 수 없는 부분이 많다. 살아 있는 동안 복음을 한 번도 들은 적이 없으나 자기에게 허락된 빛에 비추어 최선의 삶을 살았던 자는 하나님이 결국 어떻게 다루실 것인가? 대단히 악한 인생 계획에 따라 줄곧 살아온 자가 마지막 숨을 거두기 전에 하나님의 자비를 간청한 경우는?

이런 유의 질문이 아주 사변적인 성격을 띠는 경우도 있지만, 항상 그런 것은 아니다. 이는 무척 깊은 개인적인 고뇌에서 나온 질문일 수도 있다.

내가 아는 한 여성은 기독교 가정에서 자랐으나 스스로 그리스도인이라고 고백하지 않는다. 누군가 그녀에게 복음을 전하려고 하면 굉장히 화를 내곤 한다. 나는 이 여성이 매우 존경받는 기독교 지도자인 아버지에게 아주 잔인한 학대를 받아 왔다는 사실을 알고 있다. 기독교를 향한 그녀의 분노는 '성인'에게 받은 고통스런 학대로 인한 말할 수 없는 상처의 울부짖음으로 들린다.

오랜 세월 동안 이 여성은 아주 반항적인 인생을 살았다. 그런데 최근에는 이전보다 훨씬 더 건전한 선택을 하기 시작했다. 그렇지만 기독교와 관계를 맺는 일은 여전히 거부하고 있다.

나는 이런 생각이 든다. 먼저 하나님은 도무지 떨쳐 버릴 수 없는 그녀의 극심한 고통을 이해하실 것이다. 그분은 그녀에게 있는 심리적 장애물, 곧 아버지의 위선을 연상시키는 것이면 무엇이든 '기쁜 소식'으로 들을 수 없게 가로막는 장해물을 보실 것이다. 그리고 하나님은 깊은 상처를 안고 있는 그녀가 영적으로 감당할 수 있는 범위에 기초해서 그녀를 다루실 것이다.

또한 하나님이 적어도 아주 사악한 한 인간에 대해서 어떻게 다루실지는 충분히 짐작할 수 있다. 나는 히틀러가 지옥에 있을 것이라고 생각한다. 그가 고의적으로 그리고 변함없이 추구한 인생 계획이 너무나 악해서 하나님의 자비로부터 영원히 단절되는 것 이외의 다른 결과를 상상할 수 없다.

이것이 복음에 대한 믿음을 고백하지 않은 두 사람에 대해 하나님이 어떻게 다루실지 내가 짐작하는 바다. 그리고 솔직히 말하자면 내 짐작이 모두 진실이기를 바란다. 그 학대받은 여성이 스스로 하나님께 구원을 간구하게 될지 그렇지 않을지는 모르지만, 나는 그녀가 결국 구원을 받게 되길 바란다. 그리고 히틀러는 자비를 얻을 가능성에서 완전히 배제되길 바란다. 나는 홀로코스트에 관한 이야기를 읽을 때마다 그 가해자들이 반드시 신의 진노를 맛보아야 한다는 생각이 속에서 끓어오르는 것을 느낀다.

하지만 이것은 어디까지나 나의 바람에 기초한 개인적인 짐작일 뿐이다. 이는 건전한 신학에 근거한 것이 아니며, 내 책임을 회피하려는 변명거리로 사용되어서도 안 된다. 예를 들면, 나는 그 학대받은 여성이 복음의 치유하는 능력을 의식적으로 체험하게 되도록 기도할 필요가 있다. 그리고 히틀러와 같은 사람에 대한 복수심으로 압도되지 않도록 기도할 필요도 있는 것이다.

방금 묘사한 그런 짐작을 추론하는 데 너무 많은 시간을 들이는 것은 내게 영적으로 유익한 일이 아니다. 나는 예수 그리스도의 구속 사역을 떠나서는 구원이 없다는 것, 복음의 핵심을 받아들이지 않고는 아무도 하나님과 바른 관계를 맺을 수 없다는 것을 알고 있다. 사람들이 언제, 어떻게 그리스도 안에 있는 구원을 제대로 '받아들였는지'는 물론 하나님이 판단하실 문제다. 어떤 이들이 지금 여기에서 복음의 메시지와 씨름할 필요가 없는 사람들인지 여부를 결정하는 것도 내 소관이 아니다. 또한 하나님이 최종적으로 자기의 대적을 어떻게 벌하실지에 대해 많은 시간을 들여 생각하는 것도 건전한 일은 아니다.

최종 결산은 우리에게 달려 있지 않다. "나라가 임하옵시며, 뜻이 이루어지이다." 우리의 의무는 우리가 해야 할 일이라고 **알고 있는** 것에 비추어 행하는 것이다. "사람아 주께서 선한 것이 무엇임을 네게 보이셨나니 여호와께서 네게 구하시는 것이 오직 공의를 행하며 인자를 사랑하며 겸손히 네 하나님과 함께 행하는 것이 아니냐!"(미 6:8)

시민교양과 관련된 교훈

나는 지옥에 관해 많이 이야기하지 않는다. 내가 느끼기로는 확신에 찬 그리스도인들이 이 주제에 대해 너무 많이 거론하는 것 같다. 우리는 늘 성경이 허락하는 것보다 더 많은 이야기들을 해 온 것 같다. 이런 잘못을 시인하고 '최소한의 내용'에 주목하여 그런 관행을 시정하는 것은 자유주의도 아니고 타협도 아니다. 그것은 그리스도인다운 정직성을 기르기 위한 의미 있는 훈련이다.

그렇다면 이는 그리스도인이 지옥의 실재를 믿어야 함에도 **불구하고** 공손한 자세를 취하려고 애써야 한다는 것을 의미하는가? 그렇지 않다. 이런 식으로 표현하면 지옥의 교리가 기독교적 시민교양의 전체 윤곽에 어떻게 들어맞는지 알 수 없게 된다.

인간의 사악함은 엄연한 실재다. 하나님은 인간의 자유를 존중하신다. 그리고 오직 하나님만이 우리가 선택한 인생 계획에 비추어 우리의 최종적인 운명을 결정하실 것이다. 이 세 가지 주제는 내가 시민교양을 이해하는 데 필수적이다.

공손한 그리스도인이 되려고 노력하면서 악의 실재를 무시하는 것은 성경적이지 못한 것이다. 시민교양은 상대주의를 의미하지 않는다. 모든 신념과 가치관이 도덕적으로 동일한 값을 가지는 것이 아니다. 우리가 중요한 이슈에 대해 의견을 달리하는 이들에게 친절과 존경을 베푸는 것은 우리가 진리와 선과 같은 궁극적인 문제에 신경을 쓰지 않기 때문이 아니다.

기독교적 시민교양은 인간의 자유를 진지하게 고려한다. 물론 나는 사람들이 몇 가지 근본적인 사안에 대해 나와 같은 믿음을 갖기를 바란다. 그러나 내가 원하는 것은 그들이 스스로 그런 관점을 갖기로 **선택하는** 것이다.

이는 내가 나의 견해를 그들에게 제시할 때 증언과 설득에 의존해야 함을 의미한다. 정중한 그리스도인이라면 강제 수단을 동원하는 도덕적·종교적 프로그램을 지지하는 것을 무척 꺼릴 것이다.

그리고 기독교적 시민교양을 소유한 사람은 최종 결산이 하나님께 달려 있음을 알고 그로 인해 많은 인내심을 발휘할 것이다. 그분만이 자신의 자애로운 목적을 줄곧 모욕해 온 자들을 어떻게 대우하실지를 결정하리라. "내 사랑하는 자들아 너희가 친히 원수를 갚지 말고 진노하심에 맡기라. 기록되었으되 원수 갚는 것이 내게 있으니 내가 갚으리라고 주께서 말씀하시니라"(롬 12:19).

중요한 명령

지옥은 무례한 것인가? 나는 그렇다고 생각하지 않는다. 지옥은 하나님의 명예와 우리의 자유에 관한 문제다. 이는 아주 중요한 이슈들이다. 이런 사안에 관심을 갖는 것은 곧 인간이 풍요롭게 되는 것에 관심을 가지는 것이다. 그렇다고 정중한 그리스도인이 지옥 자체에 대해 사고하고 논하는 데 많은 시간과 에너지를 투자해야 한다는 말은 아니다. 하나님의 명예와 인간의 자유의 중요성을 부각시키는 데는 그보다 더 바람직한 방법이 있다.

개혁주의 신학자 벌카우어(G. C. Berkouwer)가 지옥에 관한 글에서 강조한 내용을 나는 좋아한다. 어떤 사람이 예수님께 "주여 구원을 받는 자가 적으니이까?" 하고 물었을 때 예수님은 한 가지 명령을 주심으로 대답을 시작했다고 벌카우어는 지적한다. "좁은 문으로 들어가기를 힘쓰라"(눅 13:23-24). 어쩌면 슬쩍 둘러대는 대답처럼 들릴지 모르지만 실은 그렇지 않다고 그는 말한다. 이것이 바로 그 질문에 대한 예수님의 **대답**이다. 우리는 천국과 지옥의 인구 통계학이나 지리를 추론함으로써 내세를 이해하려 해서는 안 된다. 그것을 이해하는 합당한 길은 하나님의 뜻에 순종하고 다른 이들도 그렇게 하도록 초청하는 것이다.[3]

"좁은 문으로 들어가기를 힘쓰라." 이는 굉장한 것이 걸려 있는 명령이다. 영원한 중요성을 지닌 말씀이다. 바로 이 명령에 사람들이 어떻게 반응하는지에 깊이 관심을 기울이는 것, 그것이 온유하고 공손한 그리스도인이 되는 길이다.

13. 아브라함 카이퍼, 테레사 수녀를 만나다

승리주의의 문제

앞의 두 장에서는 시민교양의 경계선에 대해 탐구했다. 우리는 공손한 대화의 기술이 바닥났음을 언제 어떻게 알 수 있는가? 한 교파나 지역 교회에서 논쟁을 그치고 친밀한 대화로 옮겨 갈 때는 언제인가? 지옥에 관한 전통적 가르침이 교양 있는 그리스도인에게 걸림돌이 될 수 있다면, 어떤 면에서인가? 이는 중요한 질문들이다. 성경의 하나님은 그저 '좋은 분'으로만 규정될 수 없는 존재다. 이 우주의 짜임새 자체에 신념—옳고 그름의 표준에 대한 깊은 헌신—이 깊이 스며들어 있는 것은 바로 하나님이 계시기 때문이다.

하지만 우리는 계시와 경험 모두를 통하여, 하나님이 심판을 서두르지 않기로 하셨음을 뚜렷이 알 수 있다. 하나님이 장차 승리하실 것이 확실하다고 해서 마치 우리가 악에 대한 승리를 이미 획득한 것처럼 행동해도 좋다는 것은 아니다. 시민교양을 배운다는 것은 반항적인 피조물을 참을성 있게 다루시는 하나님을 본받는 것이다. 마지막 두 장에서는 승리와 인내라는 두 가지 주제를 다루고자 한다.

예수님의 통치

최근에 누군가가 나에게 어떤 그리스도인 사상가가 내 사회 정치적 사상에 가장 큰 영향을 주었는지 물었다. 나는 잠시도 망설이지 않고 아브라함 카이퍼(Abraham Kuyper)라고 대답했다.

북미에서 아브라함 카이퍼에 대해 들어 본 적이 있는 사람은 그리 많지 않지만, 네덜란드에서는 중요한 인물이다. 1837년에서 1920년까지 살았던 카이퍼는 기독교 정당을 창립했고 20세기 초에는 네덜란드의 수상까지 역임하였다. 또한 그는 뛰어난 철학자이자 신학자요, 유명한 교육가이자, 다작의 저널리스트이기도 했다.[1]

그리고 아브라함 카이퍼는 하나님의 주권을 열심히 믿었던 열렬한 칼빈주의자였다. 나는 그가 지녔던 칼빈주의적 입장을 좋아한다. 과거 역사를 보면 칼빈주의자들이 열심 있는 활동가라는 평판을 받지 못했을 때도 있었다. 흔히들 하는 얘기에 따르면, 만일 하나님이 모든 것을 통제하고 계시다면 우리가 성취할 것은 별로 없을 것이라고 한다.

카이퍼는 그렇게 보지 않았다. 그는 하나님이 원하시는 것은 그리스도인이 하나님의 통치를 **밝히 보이는** 일을 열심히 하는 것이라고 주장했다. 예수님은 왕이시고 우리는 그의 신하다. 이는 우리 삶의 모든 영역에 걸쳐 예수님의 다스림에 순종하고자 힘써야 함을 의미한다. 가족 및 친구 관계, 사업, 정치, 여가, 예술, 과학, 농업 등을 모두 포함해서, 우리가 무엇을 하든지 하나님을 영화롭게 하려고 노력해야 한다는 말이다.

"내 것이다!"

내가 즐겨 인용하는 카이퍼의 말은 언젠가 암스테르담에서 그가 대학생들에게 한 강연의 한 대목이다. 그는 학문 활동이 기독교적 제자도의 중요한 한 가지 형태라고 주장하고 있었다. 학문은 하나님의 세계를 다루는 활동이므로 그리스도를 영예롭게 하는 방식으로 이루어져야 한다. 카이퍼는 다음과 같은 단호한 선언으로 결론을 맺었다. "창조세계 전체에서 예수 그리스도께서 '이것은 내 것이다! 이는 나에게 속해 있다!' 하고 외치시지 않는 영역은 한 치도 없다."

이처럼 그리스도의 우주적 주권에 대한 강한 의식은 철두철미하게 성경적이다. "만물이 그에게서 창조되되 하늘과 땅에서 보이는 것들과 보이지 않는 것들과 혹은 왕권들이나 주권들이나 통치자들이나 권세들이나 만물이 다 그로 말미암고 그를 위하여 창조되었고"(골 1:16). 이런 식으로 예수님의 우주적 통치를 강조하는 것은 우리가 '평신도 사역'이라고 부르는 것을 제대로 이해하는 데 매우 중요하다. 가정, 중개업 회사, 자동차 영업점, 체육관과 연주회장 등 모든 것이 그리스도에게 속해 있다. 이런 장소에서 우리가 하는 일은 교회 건물에서 행하는 일 못지않게 기독교 사역의 성격을 띠는 것이다.

카이퍼가 우주의 모든 것이 자기에게 **속해 있다고** 외치시는 예수님의 모습을 묘사했을 때, 그는 주님을 마치 자기중심적인 지주인 양 시사한 것이 아니다. 예수님은 아장아장 걷는 아이가 친구랑 놀다가 장난감을 홱 가로채면서 "내 거야!" 하고 소리 지르는 그런 분이 아니다. 예수님이 "내 것이다!"라고 외치시는 것은, 창조세계를 향한 사랑이 너무나 깊어서 그 세계를 죄로부터 구하기 위해서라면 고난과 죽음까지도 마다하지 않을 심정에서 나오는 것임을 카이퍼는 알고 있었다.

제국주의적 제자도

내가 카이퍼의 사회사상을 발견한 때는 1960년대의 격동기에 세속화된 대학에서 대학원 공부를 하고 있었던, 내 생애의 중요한 시기였다. 나는 정치적 행동주의에 발을 들여놓고 있었는데, 그것이 나의 기독교 신앙과 어떻게 통합될 수 있는지는 잘 몰랐다. 당시만 해도 내가 속한 복음주의 진영에서 그런 주제에 대해 쓴 글이 별로 없었다. 그런데 나는 복음주의적 성향이 무척 강했기 때문에 당시에 풍미하던 '급진적인 그리스도인'과 '사회복음'의 관점에 만족할 수 없었다.

그러던 중 카이퍼를 발견하게 된 것이다. 그의 신학은 철저한 정통주의였고, 그는 따뜻한 복음주의 신앙도 갖고 있었다. 동시에 그는 창조세계 전체를 다스리시는 그리스도의 우주적 주권을 강하게 의식하고 있었으며, 이런 관점이 자신의 사회적 행동주의에 어떤 함의를 갖고 있는지도 정립하였다. 바로 이것이 나에게 필요했던 것이다. 그의 견해는 내 삶과 사상 속에 깊이 자리잡았으며, 지금도 계속해서 깊은 영향력을 미치고 있다.

그럼에도 불구하고 나는 카이퍼와 같은 관점에서 종종 나오는 한 가지 흐름에 대해 우려하는 바다. 그것은 이런 식으로 추론하는 경향이 있다. 즉 그리스도께서 창조세계의 모든 영역을 소유하고 계신 이상 우리의 사명은 앞으로 전진해서 그분의 이름으로 모든 것을 정복하는 일이라는 것이다!

이런 선언을 한마디로 잘못되었다고 일축해 버릴 수는 없다. 사실 나도 이런 유의 정서를 자주 표명해 왔고, 앞으로도 그럴 가능성이 많다. 이런 식으로 표현하는 것이 '제국주의적'으로 들릴지 모르지만, 성경에 충실하면서 제국주의적 흔적을 모두 제거하기란 어려운 노릇이다. 진정 우주가 그리스도의 **제국**이라면—사실 그렇다—기독교적 제자도는 내재적으로 제국주의적 주제를 일부 내포하는 것이 불가피할 것이다.

그렇다면 문제는 우리가 그리스도의 우주적 주권을 주장하는 것 자체가 아니라 어떤 어조로 그렇게 하는가 하는 것이다. 나에게 특히 거슬리는 것은 기독교의 **승리주의** 정신이다. 나는 카이퍼를 읽으면서 때때로 이런 정신을 포착하곤 한다. 또한 복음의 이름으로 '가난한 자와 억압받는 자를 해방시키고자' 실시하는 여러 프로그램 속에서 그것을 간파하기도 한다. 그리고 신(新)기독교 우파의 설교에 지나친 승리주의가 담겨 있음은 분명한 사실이다. "인본주의자들이 교육 체계를 장악했다. 우리는 그리스도를 위해 우리의 학교들을 되찾아야 한다!" "다 같이 나가서 그리스도가 왕이신 것을 정치인들에게 보여 주고, 그들이 그분의 영토를 침범하지 못하도록 하자!"

승리에 대한 지식

그러면 승리주의적 정신에 대해 좀더 면밀히 검토해 보자. 그것은 과연 무엇인가? 내가 보기에 핵심 단어는 **정신**(spirit)이다. 나는 승리주의를 좋아하지 않지만, 그것을 일종의 지적인 오류라고 단순화시킬 수는 없다. 승리주의자는 그리스도의 승리를 확고히 믿는다. 그 믿음 자체는 잘못된 것이 아니다. 승리주의를 우려할 만하게 만드는 것은 기독교의 많은 프로그램 저변에 깔려 있는 정신이다.

승리주의자가 어디에서 빗나가는지 알기 위해서는 먼저 그리스도가 이루신 승리의 사역에 관한 세 가지 기본 진리를 설명할 필요가 있다.

첫째, 그리스도는 진정 죄를 이기고 승리하셨다. 우리는 이 근본적인 진리를 간과해서는 안 된다. 승리가 엄연히 존재한다는 말이다. 그리스도는 우주에 존재하는 모든 통치자와 권력자의 창조자일 뿐 아니라, 십자가에서 죽으심으로 그들의 악한 계획을 무너뜨리셨다. "그리고 모든 통치자들과 권력자들의 무장을 해제시키셔서, 그들을 그리스도의 개선 행진에 포로로 내세우심으로써, 사람들의 구경거리로 삼으셨습니다"(골 2:15, 새번역).

그 승리는 우주에 미치는 것이다. 예수님이 이루신 업적 때문에 우리는 불의, 억압, 질병, 죽음의 세력이 패배했음을 확신할 수 있다. 아이작 왓츠가 지은 캐럴의 신나는 후렴을 다시 인용하자면 이렇다. "그분은 축복이 넘쳐흐르게 하려고 오신다네. 저주가 임한 곳이면 어디까지나."

둘째, **그리스도의 추종자는 그분의 우주적 승리의 수혜자들이다.** 신학자들은 그리스도의 승리가 현재 우리의 삶에 어떤 유익을 주는지 예화를 들어 설명하곤 한다. 사방이 포위당한 도시를 상상해 보라. 그 도시를 둘러싼 적은 어느 누구도, 그 어떤 것도 드나들지 못하게 할 것이다. 생필품은 점점 줄어들고, 시민들은 두려움에 빠져 있다.

그런데 한밤중에 스파이 한 명이 적의 노선을 뚫고 몰래 잠입하였다. 그는 서둘러 도시로 들어가서 다른 곳에서는 적군의 주력 부대가 패배했다고 사람들에게 알려 준다. 지도자들은 이미 항복한 상태라고 한다. 이제 사람들은 더 이상 두려워할 필요가 없다. 포위 부대가 그 소식을 듣고 무기를 내려놓는 것은 이제 시간문제이기 때문이다.

이와 비슷하게, 현재 우리도 악의 세력—질병, 불의, 억압, 죽음 등—에 포위당한 것처럼 보일지 모른다. 그러나 사실 적은 이미 갈보리에서 패배했다. 사태의 실상은 겉으로 보이는 것과 다르다. 전투가 이미 끝났음이 모든 이에게 분명히 드러나는 것은 다만 시간문제일 뿐이다.

이것은 적합한 예화다. 이 이야기는 그리스도가 승리하셨다는 사실과 우리가 포위 상태에서 살고 있다는 너무나 자명한 현실을 모두 설명해 준다. 하나님의 승리에 관해 아는 것은 곧 사도 바울이 너무나 생생하게 표현한 그 확신을 체험하는 것이다.

> 누가 우리를 그리스도의 사랑에서 끊으리요. 환난이나 곤고나 박해나 기근이나 적신이나 위험이나 칼이랴. 기록된 바 우리가 종일 주를 위하여 죽임을 당하게 되며 도살할 양같이 여김을 받았나이다 함과 같으니라. 그러나 이 모든 일에 우리를 사랑하시는 이로 말미암아 우리가 넉넉히 이기느니라. 내가 확신하노니 사망이나 생명이나 천사들이나 권세자들이나 현재 일이나 장래 일이나 능력이나 높음이나 깊음이나 다른 아무 피조물이라도 우리를 우리 주 그리스도 예수 안에 있는 하나님의 사랑에서 끊을 수 없으리라. (롬 8:35-39)

셋째, 우리는 삶으로 그리스도의 승리에 대한 확신을 증거해야 한다. 십자가의 승리를 내적으로 인식하는 것만으로는 충분하지 않다. 우리의 확신은 삶의 방식을 통해 드러나야 한다. 이 점에서는 포위당한 도시의 비유가 더 이상 적합하지 않은데, 이 이야기의 교훈은 우리가 조금만 더 버티면 된다는 데 있기 때문이다. 만일 그 유용성을 더 넓히고 싶다면, 어떤 식으로든 그 좋은 소식을 듣고 시민들의 삶이 상당히 변화하였음을 발견할 수 있어야 한다.

그리스도인의 삶은 단지 버티기만 하는 삶이 아니다. 그것은 적극적인 순종이다. 우리가 "넉넉히 이긴"(롬 8:37) 자가 되었음을 우리의 언행을 통해 보여 주지 않고는 그것을 실증할 수 없다.

승리주의는 무엇이 문제인가?

이것은 모든 그리스도인이 동의하지 않으면 안 되는 기본 진리다. 하지만 이

지점을 넘는 순간부터 승리주의 정신이 주도권을 잡기 시작할 수 있다. 이런 현상은 사람들이 그리스도의 승리에 대한 확신을 **증거하는** 최선의 길이 **승리자의 전리품을 자기 것으로 주장하는 일**이라고 생각할 때 발생한다.

지금은, 세상 곳곳을 보면 선이라는 것이 꼼짝없이 사로잡혀 있는 것으로 보이는 때다. 부패한 정치인들이 권력을 장악하고 있다. 탐욕과 정욕이 시장을 지배하고 있다. 편견과 억압이 도처에 널려 있다.

그런데 현재 우리가 당하는 곤경에 대한 대책 중에 승리주의의 성격을 지닌 것이 결코 적지 않다. 일단의 그리스도인은 경제 및 정치 구조에 대한 기독교적 '해방'이라는 이름하에 '응급 대책'을 모조리 반대하고 있다. 또 다른 운동은 구약 성경의 시민법을 모두 복귀시키고 싶어 한다. 동성애자에 대한 사형 선고를 포함해서 말이다. 어떤 그리스도인들은 강력한 '영적 전쟁' 캠페인을 벌이면 우리의 도시와 마을을 억누르고 있는 '지역의 영들'을 쫓아낼 수 있다고 확신하고 있다.

아브라함 카이퍼의 '한 치' 선언을 돌이켜 보자. 이제 우리는 그것이 승리주의자의 시위운동의 격문으로 쉽게 이용될 수 있음을 보았다. 창조세계의 땅 한 평 한 평이 그리스도께 속해 있는 이상, 우리는 나가서 그분의 이름으로 이 땅 전체를 정복해야 하지 않는가? 왜 불법 침입자가 정당한 권리도 없는 영토를 차지하도록 허용하는가?

다시 말하자면, 여기에서 잘못된 부분은 그리스도의 승리에 대한 확신을 증거하는 사람들의 정신과 관련되어 있다. 승리주의적 그리스도인은 승리의 열매에 초점을 맞춘다. 그 열매들을 자기 것으로 주장하고 싶어 하는 것이다.

이에 대한 대안은 무엇인가? 그리스도가 이루신 승리의 전리품을 요구하는 것이 그 승리에 대한 우리의 확신을 드러내는 적합한 수단이 아님을 인식하는 것이다. 성경의 저자들이 우리에게 그리스도의 승리에 대한 확신을 표현하라고 격려할 때, 그 말의 의미는 지금 여기에서 승리의 상급을 요구하라는 뜻이 아니다. 오히려 우리가 그리스도의 구속 사역의 수혜자임을 가장 잘 증명하는 길은 그분이 확보해 두신 열매를 기다리면서 그리스도와 같은 방식으로 기꺼이 고난에 참여하는 것이다. 사도 베드로는 이를 간단명료하게 표현하고 있다.

> 사랑하는 자들아, 너희를 시련하려고 오는 불 시험을 이상한 일 당하는 것같이 이상히 여기지 말고 오히려 너희가 그리스도의 고난에 참여하는 것으로 즐거워하라. 이는 그의 영광을 나타내실 때에 너희로 즐거워하고 기뻐하게 하려 함이라. (벧전 4:12-13)

'예수님과 같이 되는 것'은 그 승리를 주장하며 나아가 우리에게 마땅히 속한 것을 넘겨받는 것이 아니다. 그것은 우리 주님이 승리의 결과를 보장하셨다고 확신하는 가운데 그리스도의 고난에 참여하는 것이다.

그리스도의 '애처로운 변장'

테레사 수녀가 속한 사랑의 선교회(Missionaries of Charity)를 방문한 이들이 그 사역을 직접 보기 위해 캘커타에 있는 공동체로 가면, 이들은 먼저 예배당에 가서 기도하고 오라는 요청을 받는다. 테레사 수녀는 방문객들을 다음과 같은 환영사로 영접해야 한다고 주장한다. "우리 다 같이 먼저 이 집의 주인께 인사합시다. 예수님이 여기에 계십니다."

테레사 수녀는 자신이 속한 공동체가 단순한 행동주의자들이 되기 위해 설립된 것이 아님을 강조한다. 그들은 매일 개인 기도와 공동 기도에 많은 시간을 들인다. 테레사 수녀는 그 공동체의 회원 모두가 예수님과 탄탄한 개인적 관계를 맺기 원한다. 이것이 가난한 자들 가운데 일하는 그들의 사역에 필수 요건이라고 그녀는 주장한다.

> 우리 자매들 중 한 사람이 대학을 갓 졸업하고 여기에 온 것이 기억납니다. 그녀는 부유한 가정에서 자란 여성이었습니다.
>
> 우리 규칙은 누구든 이 공동체에 가입한 바로 다음 날에는 '죽어 가는 자를 위한 집'(Home for the Dying)에 가는 것입니다. 그들이 가기 전에 나는 이렇게 일러주었습니다. "여러분은 미사를 집전하는 사제를 보았습니다. 그는 얼마나 큰 사랑으로, 얼마나 정교한 보살핌으로 그리스도의 몸을 만졌는지요! 여러분이 그 집에 가서도 이와 똑같이 하시기를 바랍니다. 거기에 예수님이 애처롭게 변장하고 계시니까요."
>
> 그들은 나간 지 세 시간이 지난 후 다시 돌아왔는데, 대학을 갓 졸업한 그 자매가 너무나 많은 것을 보고 얼굴에 무척 아름다운 미소를 머금고 내 방에 들어왔습니다.
>
> 그녀는 "세 시간 동안 저는 그리스도의 몸을 만지고 왔습니다" 하고 말했습니다. 그래서 나는 "무엇을 했습니까, 무슨 일이 일어났나요?" 하고 물었지요.
>
> 그녀는 이렇게 말했습니다. "사람들이 구더기투성이인 한 남자를 거리에서 데려왔어요. 나는 무척 힘들었지만, 내가 그리스도의 몸을 만지고 있다는 것을 알았습니다."[2]

이 짧은 이야기는 테레사 수녀와의 대화에서 줄곧 등장하는 한 가지 주제를 내포하고 있다. 그것은 우리가 가난한 자 중에서도 가장 가난한 자를 바라볼 때 바로 '애처로운 변장'을 하고 있는 예수님을 보는 것이 중요하다는 점이다. 그녀가 다른 어떤 구절보다 더 많이 인용하는 복음서의 본문은 마태복음 25장에 나오는 최후의 심판 이야기인데, 거기에는 인자가 의인에게 상급을 주면서 그들이 자기가 배고플 때 먹을 것을 주었고, 자기가 나그네였을 때 영접하였고, 자기가 감옥에 갇혔을 때 찾아왔기 때문이라고 하는 장면이 나온다. "내가 진실로 너희에게 이르노니 너희가 여기 내 형제 중에 지극히 작은 자 하나에게 한 것이 곧 내게 한 것이니라"(마 25:34-40).

한 치 한 치의 땅을 차지하는 것

테레사 수녀 역시 복음과 사회적 관심의 관계에 대한 내 사상에 영향을 미쳤다. 그 때문에 내가 아브라함 카이퍼를 포기한 것은 아니다. 하지만 나는 그가 테레사 수녀의 도움을 좀 받을 필요가 있다고 생각한다.

테레사 수녀가 카이퍼의 선언문을 기쁘게 지지할 것이라는 점은 의심의 여지가 없다. "창조세계 전체에서 예수 그리스도께서 '이것은 내 것이다! 이는 나에게 속해 있다!' 하고 외치지 않는 영역은 단 한 치도 없다." 그녀는 예수님이 죄를 정복하셨음을 알고 있다. 그녀는 궁극적인 십자가의 승리에 대한 깊은 믿음이 있다.

그러나 테레사 수녀는 예수님이 구속하신 한 치 한 치를 우리가 지금 승리의 찬가를 부르며 우리의 상급으로 요구해야 한다고 생각하지 않는다. 그 땅의 많은 부분은 현재 살이 썩어 지독한 냄새를 풍기는 자들, 슬퍼서 가슴을 치는 부모들, 두려움에 떠는 아이들이 차지하고 있음을 그녀는 알고 있다. 그리고 학대당하는 자, 버림받은 자, 핍박받는 자, 절대 가난에 허덕이는 자도 일부를 차지하고 있다. 그리고 그녀가 확신하기로는, 우리가 그리스도의 이름으로 그 장소들을 우리의 것으로 '주장한다'는 것은, 그분이 고통받는 자의 고녀를 자기 자신의 것으로 삼으시기에 우리도 나가서 '애처로운 변장'을 하고 있는 그분과 합류해야 함을 의미한다는 것이다.

그리스도께서 목숨까지 내놓으시며 얻은 그 한 치 한 치는 아직도 무척 외롭고 황폐한 땅으로 남아 있는 경우가 많다. 그래서 우리는 "이 모든 일에 우리를 사랑하시는 이로 말미암아 우리가 넉넉히 이기느니라"는 진리를 유념하고 기꺼이 그런 상황 속에 우리의 자리를 정해야 하는 것이다.

어떤 이들은 테레사 수녀가 가난에 대해 너무 개인주의적으로 반응한다고 비판해 왔다. 그녀가 일대일 관계에만 초점을 맞추고 억압적인 **구조**에 대해서는 충분히 관심을 기울이지 않는다는 것이다. 그런 비판에도 일리가 있을 수 있다. 우리는 그런 방향으로만 치닫지 않도록 경계할 필요가 있다. 하지만 나는 그녀가 이것과 완전히 다른 잘못을 교정해 주는 이임을 발견했다.

테레사 수녀는 왜 승리주의 정신이 신념 있는 시민교양의 삶에 들어설 여지가 없는지를 나에게 가르쳐 주었다. 예수님의 온유함과 존경심을 품고 다른 사람들을 대하려면 아직도 그 저주받은 상태에서 완전히 회복되지 못한 창조세계의 고통 소리와 깨어진 실상에 매우 민감해야 한다.

카이퍼는 승리하신 왕 곧 권능으로 하늘의 보좌에 승천하신 왕에게 초점을 맞추기를 좋아했다. 테레사 수녀는 아직도 가난한 자와 억압받는 자 가운데서 고통받고 있는 우리의 구원자를 찾으라고 요청한다. 서로 다른 방식이긴 해도 두 사람 모두 그 승리의 주님을 섬기는 데 헌신하도록 요청하고 있다. 우리가 신념 있는 시민교양을 계발하려면 두 사람 모두에게 귀를 기울일 필요가 있다. 그리고 그들도 서로의 말을 경청할 필요가 있다. 아브라함 카이퍼, 테레사 수녀를 만나다!

14. 느린 하나님을 섬기기
시민교양과 종말

용접공 믹은 내 영혼에 대해 무척 걱정했고, 그런 걱정을 아주 무뚝뚝하게 표현했다. 많은 세월이 흐른 후 그때 우리가 나누었던 대화를 돌이켜보면, 믹이 나에게 한 말 중에 상당히 무례한 것도 있었음을 알게 된다. 그의 말을 가만히 생각해 보면 하나님에 대한 우리의 견해가 어떻게 예의에 대한 태도를 형성하게 되는지 알 수 있다.

믹은 내가 학창 시절에 시간제로 일했던 자그마한 식당에서 조금 떨어진 곳에서 용접 가게를 운영하고 있었다. 매일 그는 점심을 먹으러 우리 식당에 왔고 나와 영적인 주제에 관해 얘기하는 것을 좋아했다. 그는 내가 근처 개혁주의 신학교에서 공부하고 있다는 것을 알았는데, 내 신학을 매우 의심스러운 눈초리로 주시했다. 믹은 네덜란드 개혁교회에서 성장했지만 거기에서 복음이 전파되는 것을 한 번도 들은 적이 없다고 주장했다. 언젠가 그는 근본주의 계열의 교회 사역을 통해 깊은 영적 체험을 하게 되었다고 한다. 그는 자기의 삶이 일순간 변화되었다고 느꼈고, 다른 모든 이들도 각각 그런 체험을 하게 되기를 기대했다.

그래서 믹은 나의 영적 상태를 시험 삼아 물어보곤 했다. 그것은 일종의 일상적인 의례처럼 되었다.

"친구, 자네는 구원을 받았나?"

"그래, 구원받았지, 믹."

"자네가 구원받았다는 걸 어떻게 **알지**?"

이 대목에서 나는 내가 성경 구절을 인용할 수 있다는 것을 보여 주어 그의 손아귀에서 벗어나려고 애쓰곤 했다. 로마서 10:9이 내가 즐겨 인용하던 구절이었다. "네가 만일 네 입으로 예수를 주로 시인하며 또 하나님께서 그를 죽은 자 가운데서 살리신 것을 네 마음에 믿으면 구원을 받으리니."

"똑똑한 척하지 말게, 친구. 그걸로 충분하지 않다는 걸 알지 않나. 어느 날 몇 시였는지를 분명히 밝혀야지."

"믹, 내가 맨 처음 그리스도인이 된 날짜와 시간은 **몰라**."

그러면 그의 얼굴에 고통의 빛이 약간 비친다. "친구, 자네는 주님 앞에서 상당히 곤란해질 거야, 그걸 알았으면 좋겠네!"

표면적으로는 나와 믹의 논쟁이 회심을 보는 관점의 차이 때문에 일어난 것처럼 보인다. 그런데 사실 그것은 하나님이 어떻게 일하는지에 대한 논쟁이었다. 믹은 아주 **발 빠른** 하나님을 믿고 있었다. 그의 하나님은 매우 돌발적이고 과단성 있게 행동하시는 분이었다. 그런 하나님이 무슨 일을 하실 때에는 당신이 그것이 무엇인지 혼동할 가능성이 거의 없다!

믹의 하나님은 참을성이 그리 많지 않았다. 그리고 우리가 참을성이 없고 발 빠른 하나님을 섬기고 있다고 생각하면 교양 있는 자세를 취하느라 굳이 시간을 낭비할 필요가 없는 것이다.

하나님의 발걸음

나는 십대 시절에 영성 분야의 고전인 필립스(J. B. Phillips)의 「너의 하나님은 너무 작다」(*Your God Is Too Small*)를 읽었는데, 그 내용은 하나도 기억할 수 없지만 제목 자체가 하나님에 대한 내 사고 방식에 참조점의 역할을 톡톡히 했다. 나는 성인이 되어서는 필립스의 제목을 어떻게 바꾸면 내 최근의 영적 체험을 가장 잘 대변할 수 있을지 종종 자문해 보곤 했다. 만일 내가 "너의 하나님은 너무…하다"는 형식을 사용해서 최근의 내 신학에 관해 책을 쓴다면 빈칸에 무엇을 집어넣겠는가?

1960년대에는 하나님에 대한 내 이해가 너무 '하얗다'는 것과 너무 '미국적이다'라는 것을 알게 되었다. 그 다음 10년간은 나와 내 가까운 영적인 친구들이 복음의 교차 문화적인 함의를 무시한 채 하나님을 너무 '서구적' 견지에서만 본 것은 아닌지 반성해 보았다. 1980년대는 우리의 하나님 교리가 남성성이라는 범주에 지나치게 의존함으로써 상당히 왜곡되지 않았나 생각해 본다. 물론 하나님은 신성을 가진 아버지시다. 그러나 하나님은 어머니가 어린 자녀를 보살피듯이 우리를 낳고, 양육하고, 보호하는 분이기도 하다.

이런 신학적 교훈 가운데 어느 것도 내가 한 번에 섭렵할 수 있는 것은 없다. 모두가 계속해서 성찰해야 할 것들이다. 하지만 만일 내가 가장 최근에 시도하고 있는 올바른 영성의 정립과 관련하여 필립스의 제목을 바꾸어 본다면, "너의 하나님은 너무 빠르다"가 될 것이다.

용접공 믹은 그가 믿는 발 빠른 하나님이 개개인을 다루는 방식에 주로 관심이 있었다. 그런데 하나님의 '발걸음'에 대한 질문은 더 넓은 함의를 갖고 있기도 하다. 나는 이 점을 아주 인상적으로 경험한 적이 있는데, 수년 전 에큐메니컬 회의에 참석하던 중 점심 식사 자리에서였다. 내가 앉은 식탁에는 복음주의자와 로마 가톨릭 학자들이 함께하고 있었다. 어쩌다가 '창조 과학'의 문제가 화제로 떠올랐다.

거기에 있던 복음주의자 중 누구도 문자적인 6일 창조를 지지하지 않았지만, 우리 모두는 문자적 해석을 좋아하는 사람들과 밀접한 유대를 맺고 있었다. 그래서 우리는 가톨릭 친구들 앞에서 문자적 창조론자의 관점을 가장 멋지게 제시하려고 애썼다.

가톨릭 학자들은 우리가 대충 설명하는 그 입장을 조금이라도 인정해야 한다는 심한 압박을 받게 되었다. 결국에는, 한 가톨릭 학자가 두 손을 들어 포기하는 몸짓을 하더니 심란한 목소리로 외쳤다. "아니 이 사람들은 하나님이 **천천히** 일하시기 좋아한다는 것을 모른단 말인가?" 그녀의 질문은 문제의 초점을 뚜렷하게 만들어 주었다. 그녀는 일종의 수사학적 질문으로 그 말을 했지만 실은 복음주의 영성에 대해 중요한 논점을 제기한 셈이다. 우리 복음주의자는 하나님이 천천히 일하신다는 것을 당연시하지 **않는다**. 아니, 우리는 하나님이 빨리 일하기를 좋아하신다고 생각한다. 하나님을 만물의 창조주로서 영예롭게 하는 유일한 길은 모든 것이 빨리 창조되었다고 가정하는 것이다.

그 신학자 친구는 개인의 회심에 관한 용접공 믹의 신학에 대해서도 똑같은 반응을 보이지 않았을까 짐작한다. "그는 하나님이 **천천히** 일하시기 좋아한다는 것을 모른단 말인가?" 하고 말이다.

나는 믹에게 이 세계가 어떻게 창조되었다고 생각하는지 물어본 적은 없다. 그러나 혹시 그가 '빠른-창조론자'가 아니라면 나는 놀랄 것이다. 하나님의 '거시적인' 행위에 대한 그의 이해가 하나님의 '미시적인' 행위에 대한 그의 견해와 일치하지 않을까 생각하기 때문이다.

참을성 많으신 하나님

내가 빠른 하나님이라는 개념에 완전히 반대하는 것은 아니다. 나는 순간적인 회심을 믿는데, 그것이 실제로 일어나는 것을 본 적이 있다. 그리고 때로는 하나님이 우리의 기도에 아주 신속하게 결정적으로 응답하신다고 믿는다. 하나님은 때로 극적인 방식으로 사람들의 병을 고치시기도 한다. 인간관계도 하나님의 화목게 하시는 능력을 놀라운 모습으로 드러낼 수 있다.

하나님이 **때때로** 빨리 일하신다는 것은 내 신학에서 일종의 '기정 사실'이다. 그러나 하나님의 **일상적인** 발걸음이 빠르다는 개념에 대해서는 이의를 제기한다. 하나님이 항상 빠르게 그리고 결정적으로 활동하신다고 주장하는 것은 위험한 발상이다.

소위 발 빠른 하나님 신학은, 이를테면 사회 변동의 유형을 오해하게 만든다. 내가 확신하기로는, 나와 비슷한 영성을 가진 많은 이들이 인종적·경제적 정의의 문제를 심각하게 받아들이기를 꺼리는 이유가 그런 영역에 내포된 문제점들은 너무나 고치기 어렵기 때문이다. 만약 하나님이 재빠르게 결정적으로 일하는 분이라면, 이런 문제들이 아직 해결되지 못했다는 사실은 하나님이 그런 중요한 인간의 관심사에 별로 신경을 쓰지 않으신다는 결론으로 이어지게 된다.

나는 하나님이 그런 문제들에 깊은 관심을 갖고 계시다고 믿는다. 하나님이 창조세계를 괴롭히는 불의와 억압에 대해 '즉각적인' 처방을 제공하지 않는다고 해서 그분이 무관심하다고 가정하는 것은 타당하지 못하다.

메노나이트(Mennonites)가 이 점과 관련해서 유용한 문구 하나를 제시하고 있다. 그들은 우리가 '하나님의 인내의 시대'에 살고 있다고 말한다. 하나님은 타당한 이유가 있어서 아직 그분의 영원한 왕국을 도래시키지 않은 것이다. 하나님은 지금 인류를 향해 인내심을 보이고 계시는데, 구원받지 못한 이들에게는 회개할 기회를 그리고 구원받은 자에게는 순종의 길을 배울 기회를 주고 계신다.

내 로마 가톨릭 친구들도 유익한 가르침을 갖고 있다. 성 이그나티우스는 "하나님은 구부러진 막대기를 가지고 똑바른 선을 그리신다"고 말했다. 우리가 아직 완전한 상태에 도달하지 못했지만 하나님은 우리를 사용해서 그분의 목적을 이루신다. 우리는 그 큰 그림의 세부 사항을 꼭 볼 필요가 없다. 우리가 하나님의 신비로운 목적을 달성하는 수단이 되도록 스스로를 내놓는 것으로 충분하다.

"그것은 그분의 일입니다" 하고 테레사 수녀가 수년 전 "타임"지와의 인터뷰에서 말했다. "나는 그분의 손에 들린 자그마한 연필과 같습니다. 그분이 생각하십니다. 그분이 글도 쓰십니다. 연필은 그것과 아무 상관이 없습니다. 연필은 그저 자기를 사용하도록 허락하면 되는 것입니다."[1]

느린 하나님을 섬기는 것

이처럼 느린 하나님의 관점은 하나님의 **섭리**의 중요성에 대한 강한 의식과 맥을 같이한다. 하나님은 역사적 발전을 진지하게 취급하기로 지혜롭게 결정하셨다. 인간의 역사는 하나님의 목적이 실현되는 중요한 장이다. 그리고 우리는 이 하나님의 방식에 우리 자신을 맞추어야 한다.

느린 속도로 움직이는 하나님의 섭리에 대한 건전한 의식은 신념 있는 시민교양의 삶에 필수적이다. 우리도 하나님의 인내심을 공유해야 하기 때문이다.

그러면 우리는 어떻게 공적인 인내심을 실천할 수 있겠는가? 우리가 하나님의 인내의 시대에 공적인 존재로서 사는 데 필요한 몇 가지 자질은 다음과 같다.

융통성. 조슈아 베린(Joshua Verin)의 외고집을 보면서 로저 윌리엄스(Roger Williams)는 자기의 신념을 적용할 때에도 융통성을 발휘할 필요가 있음을 깨달았다. 윌리엄스는 로드아일랜드 주를 종교적 자유의 요새로 만들고자 그 주의 기초를 놓은 사람이다. '양심의 자유'가 그의 표어였다. 그러나 윌리엄스조차도 조슈아 베린의 비뚤어진 양심을 관용하기가 무척 힘들었다.

베린은 1637년에 매사추세츠 주의 살렘에서 로드아일랜드로 이주해서 로저 윌리엄스의 바로 옆집에 살게 되었다. 처음에는 베린이 이웃들에게 따뜻한 환영을 받았다. 그가 매사추세츠에서 경험한 억압적이고 경직된 공동체 윤리에 대해 불평을 늘어놓자 모두들 그가 말하는 내용을 정확하게 이해했다. 그들도 그와 비슷한 경험 때문에 로드아일랜드로 왔던 터였다.

그런데 얼마 안 되서 베린이 습관적으로 자기 아내 앤을 잔인하게 학대하는 아주 몹쓸 인간임이 윌리엄스를 비롯한 이웃 사람들에게 드러났다. 그들이 이 문제로 베린에게 맞서자, 그는 앤이 교회 활동에 너무 많은 시간을 들이므로 마땅히 받을 것을 받는 것뿐이라고 주장했다.

윌리엄스와 그의 친구들은 베린의 말을 달갑게 생각하지 않았다. 그들은 그가 아내의 행동을 통제함으로써 그녀의 양심을 침해하고 있다고 그를 설득하려 했다. 그러나 베린은 그들의 논리에 꿈쩍도 하지 않았다. 그는 아내가 자기 남편에게 복종하는 것이 하나님의 뜻이고, 자기 아내는 그렇게 순종하도록 도움을 받아야 할 사람이라고 대답했다. 그는 앤의 종교적 자유를 제한하는 것이 아니고, 오히려 하나님의 뜻에 더 잘 순응하도록 돕고 있을 뿐이라는 것이다. 그는 이웃들에게 간섭을 중단하고 자기의 권리에 따라 살도록 내버려 두라고 요구했다.

베린의 사건은 마침내 그 마을 집회에서 투표에 부쳐지게 되었고, 조슈아 베린이 패배하였다. 베린은 곧 가족과 함께 매사추세츠 주의 살렘으로 되돌아갔다. 로드아일랜드에 비해 매사추세츠에 종교적 자유가 더 많다고 판단했기 때문이었다.[2]

나는 로드아일랜드 주민들이 종교적 관용을 베풀기로 다짐한 것을 크게 칭찬해마지 않는다. 하지만 조슈아 베린의 사건은 그런 관용에 확고히 헌신했다 하더라도 그 대의명분을 지키기란 항상 쉽지만은 않다는 것을 뚜렷이 보여 준다. 베린은 악한 인간이었을뿐더러 **성실한 자세로** 악을 일삼는 인물이었을 가능성이 높다. 그는 하나님이 자신의 집안 관리 방식에 무척 만족해하실 것이라고 분명히 믿었다. 하지만 앤 베린은 그와 다른 견해를 갖고 있었다. 조슈아에게 자기 신앙을 자유로이 실천하도록 허용하는 것은 그녀의 종교의 자유에 불공평한—그리고 실은 아주 잔인한—제약을 가하는 것을 의미했다.

나는 윌리엄스가 이런 정황에 비추어 기꺼이 자기 관점을 조정한 것을 호의적으로 평가한다. 그는 처음에는 공적 행위와 사적인 종교적 신념을 엄격하게 이분화했다. 종교적 자유의 옹호자로서 그는 개인의 양심으로 적절히 처리할 수 있는 문제에 정부가 간섭하는 것을 원치 않았다. 그리고 그는 모든 종교적 신념을 '사적 영역'이라는 범주 아래 포함시키는 경향이 있었다.

그러나 베린의 사례는 윌리엄스에게 '공'과 '사'의 범주를 적용할 때 융통성을 발휘해야 한다는 것을 가르쳐 주었다. 조슈아가 앤을 다룬 방식은—조슈아는 다르게 주장했지만—순전히 '사적인' 문제가 아니었다. 이는 종교적 신념이 공적인 함의를 지니는 경우에 해당한다.

윌리엄스로서는 그런 상황에서 융통성을 발휘하는 것이 쉬운 일은 아니었을 것이다. 그는 이미 자유의 문제로 매사추세츠 청교도들과 오랜 싸움을 치른 경험이 있었던 만큼, 사적인 종교적 확신에 의거하여 행동하고 있다고 주장하는 자에게 강한 입장을 취하는 것이 무척 고통스러웠을 것이다. 하지만 윌리엄스는 조슈아 베린의 양심보다 앤 베린의 고통을 더 우려했고 자기의 원칙을 그 상황에 맞출 용의가 있었다.

임기응변식의 적응은 우리 모두에게 필요하다. 우리는 순례길을 걷는 여행자이고, 우리가 선호하는 대처 방식은 우리가 순례길에서 이제까지 본 것을 요약한 것에 불과한 경우가 많다. 따라서 우리는 여행길을 계속 가는 동안 우리 앞에 닥치는 새로운 도전에 대해 열린 자세를 갖고 있어야 한다.

잠정적인 입장. 존 스토트(John Stott)는 그리스도인들에게 '보수적인 급진주의자'가 되라고 즐겨 권유한다. 우리는 단 한 가지에 대해 보수적이어야 하는데, 그것은 복음에 대한 헌신이다. 우리는 무슨 대가를 치르더라도 하나님의 말씀의 진리를 '보존할' 필요가 있다. 그리고 그런 관점에 입각해서, 다른 모든 것을 '급진적인' 비판 아래 놓을 필요가 있다고 스토트는 말한다.

이는 매우 유익한 조언이다. 우리가 근본적으로 충성할 대상은 오직 복음이다. 그 기본적인 충성에 비추어 볼 때, 다른 모든 헌신은 잠정적인 성격을 지녀야 한다.

물론 그렇다고 우리가 맺는 대인 관계에서 진실이나 신뢰 불가의 문제에 대해 냉소적인 태도를 취하라는 말은 아니다. 솔직함과 정절에 대한 헌신 그 자체는 복음이 우리에게 요구하는 것이다.

그런데 그것이 의미하는 한 가지는 우리가 이데올로기에 강한 집착을 보여서는 안 된다는 점이다. 신념이 강한 사람일수록 양극화된 입장에 사로잡히기 쉬운데, 그리스도의 제자들은 '좌파'나 '우파'를 막론하고 강경 노선과 동일시되는 것을 크게 경계하지 않으면 안 된다.

가난의 문제를 둘러싼 논쟁을 예로 들어 보자. 많은 자유주의자는 가난한 자와 소외된 자를 위해 정부가 개입하는 것을 선호한다. 사회복지 프로그램과 적극 행동 정책(소수 민족 차별 철폐, 여성 고용 등을 추진하는 계획-역주) 등과 같은 것을 실시함으로써 말이다. 다른 한편, 많은 보수주의자는 이런 노력이 가난한 자를 돕는 것으로 귀결되지 못할 때가 많다고 주장한다. 실제로 가난한 자에게 유익을 주려고 고안된 프로그램이 그 의도대로 되지 않을 경우도 있으며, 개입주의적 해결책이 장기적으로 보면 오히려 사태를 더 악화시킬 때도 종종 있다는 것이다. 더군다나 어떤 정책과 체계는 억압받는 자의 몫을 더 크게 할당하는 것을 특별한 목표로 삼지 않았는데도 결국에는 그들에게 유익을 주는 결과를 낳을 수도 있다고 한다. 가난에 찌든 이들은 재분배 프로그램보다 부의 창출을 통해 도움을 받는 경우가 종종 있다고 그들은 주장한다.

이 점에 대한 보수주의자의 주장에 나는 상당히 공감한다. 나도 많은 개입주의적 프로그램에 대해 회의적이다. 하지만 우리는 너무 경직되지 않도록 조심해야 한다. 개입주의적 해결책이 때때로 그 약속한 것을 성취할 때도 있는 것이 사실이다. 더구나, 부의 창출이 늘 장기적으로 가난한 자에게 유익을 주는 것은 아니다.

이 모두가 의미하는 바는 복음의 이름으로 프로그램화된 '해결책'에 대해 신중한 자세를 취해야 한다는 것이다. 그러면 어떤 프로그램을 평가하는 데 필요한 참조점이 우리에게 없다는 말인가? 전혀 그렇지 않다. 성경의 하나님은 우리가 가난한 자와 억압받는 자를 위해 헌신하기를 원하신다. 그리고 장기적인 안목으로 가난한 자들의 필요에 초점을 맞추는 것 자체가 공공 정책을 수립하는 데 중요한 참조점이 된다.

이 지구상의 불쌍한 사람 중에 누가 우리의 직접적인 자선 사업을 가장 필요로 하는지 분명히 논의를 계속해야 한다. 그리고 이 논의에는 강한 헌신과 함께, 예상되는 위험을 기꺼이 감수하려는 자세도 필요하다.

그리스도인은 이런 대화가 계속 이어지도록 하는 데 아주 중요한 역할을 담당할 수 있다. 만일 우리 자신이 다양한 이데올로기에 대해 잠정적 자세를 취한다면 가장 효과적인 역할을 수행할 수 있을 것이다.

겸손. 진리와 도덕에 대한 하나님의 표준이 우리의 삶에서 유일하게 믿을 만한 참조점이라고 인정하는 것은 곧 겸손한 정신을 품는 것을 의미한다. 자기 의를 내세우는 자만심은 우리 마음에 들어설 자리가 없어야 한다. 하나님의 계시만이 우리의 인생 여정을 지도하는 분명하고 확실한 안내자라고 믿는 것과, 마치 우리 자신이 계시된 진리의 복잡다단한 측면을 모두 완벽하게 섭렵한 것처럼 행동하는 것은 서로 별개다.

우리 삶에서 우리를 성화시키는 그 은혜가 궁극적으로 승리하게 하려면 먼저 승리주의 정신을 떨쳐 버려야 한다. 우리가 고대하는 그 승리는 우리 것이 아니고 바로 그 어린 양의 승리인데, 우리는 그분 앞에 모두가 절하면서 예수님만이 주님이라고 선언하는 그 합창 소리에 동참하게 될 것이다.

겸손은 하나님의 나라가 완전히 임할 것을 바라보며 순례길을 걷고 있는 피조물에게 가장 어울리는 태도다. 물론 우리가 현대의 중요한 이슈를 놓고 씨름할 때 예언자적 비판을 해야 할 필요가 있는 것도 사실이다. 하지만 그처럼 잘못을 바로잡기 위해 하는 말도 겸손한 자세로 해야 하는데, 무엇보다 우리 자신이 치유와 교정을 받기 위해 십자가로 달려갔던 자들이기 때문이다. 그리고 거기에서 고침받은 경험으로 인하여 이제는 담대하게 다른 이들에게 부드러운 자비가 흘러나오는 그 원천으로 가도록 손짓하기에 이른 것이다.

겸손은 또한 누가 '안'에 있고 누가 '밖'에 있는지 최종 판단을 거부하는 것을 의미한다. 언젠가 하나님이 알곡과 가라지를 분리하실 것이다. 그날이 오기까지 우리는 다른 사람들을 만날 때마다 주님은 "노하기를 더디 하시며, 인자와 진실이 풍성하신 하나님"(시 86:15)이심을 유념해야 한다.

경외감. 많은 논의를 불러일으킨 책 「마음의 습관」에서 로버트 벨라와 그 공저자들은 고도로 개인주의적인 우리 문화에서의 시민교양―그들은 '시민적 우정'이라 부른다―의 계발 가능성을 탐구하고 있다. 한 부분에서 그들은 시민교양의 계발과 관련해서 "무엇보다 가장 중요한 것"은 어쩌면 "존재 그 자체의 신비로움 앞에서 우리의 감사와 놀라움을 표현하는 공동예배"[3]일지 모른다고 시사한다.

예배의 신비로움과 시민교양의 실천 간의 관계가 금방 눈에 띌 정도로 뻔한 관계가 아닐지 모른다. 그러나 상호간에 관련이 있는 것은 분명하다. 성경의 하나님을 예배하는 것은 비길 데 없는 신비의 존전에서 절하는 것이다. 사도 바울이 유대인과 그리스도인 사이의 관계에 대한 어려운 논의를 마무리하는 대목에서 갑자기 하나님의 신비로운 목적을 찬양하는 노래가 터져 나오는 것은 놀랄 일이 아니다.

> 깊도다 하나님의 지혜와 지식의 풍성함이여,
> 그의 판단은 헤아리지 못할 것이며
> 그의 길은 찾지 못할 것이로다.
> 누가 주의 마음을 알았느냐
> 누가 그의 모사가 되었느냐. (롬 11:33-34)

물론 하나님의 신비를 그저 사실로 인정할 뿐 아니라, 신비의 하나님이 우리가 그분을 **예배하도록**, 그리고 그분과 함께 먹고 마시며 그분의 생명의 말씀을 듣도록 초대하셨다는 확신을 품고 그로부터 위안을 얻는 것이 중요하다. 우리는 예배를 통해서 하나님의 인내심을 친밀하게 경험하게 된다. 우리는 아주 멀리 떨어진 곳에서 그분의 신비로운 목적을 그저 짐작만 하도록 방치되지 않았다. 그분의 사랑의 손길이 우리에게까지 미쳐 그분의 안전한 품으로 인도하여 그분의 자비와 은혜를 직접 배운다. 그리고 거기에서 하나님의 인내의 시대에 어떻게 우리가 이 세상에 살면서 온유하고 겸손한 복음의 일꾼이 될 수 있는지도 배우게 된다.

소박함. 하나님의 인내에 동참한다는 것은 다른 사람에게 소박한 기대를 품는 것을 의미한다. 내가 소박함의 필요성에 대해 극적으로 절감한 것은 사회학자 피터 버거(Peter Burger)를 통해서였다. 언젠가 우리가 함께 참석한 어떤 모임에서—내가 지금보다 젊었던 시절에 있었던 일이다!—나는 그리스도인은 누구나 하나님이 정하신 정의와 의와 평화의 강령에 급진적으로 순종하도록 부름받았다고 선언했다.

버거는 내가 '급진적인 순종'이라는 거창한 표어를 중심으로 강연하는 것을 유심히 관찰했다. 그가 말하기를, 어느 양로원에 그리스도인 여성이 살고 있었는데, 그녀의 최대의 두려움은 식당 앞에서 줄을 서 있는 동안 허풍을 떨고 싶은 욕구를 통제하지 못해 사람들에게 모욕을 당할지 모른다는 것이라고 했다. 그 여성에게는 예수 그리스도에 대한 최고의 급진적 순종이 식사를 하러 갈 때마다 자애로운 하나님의 손에 스스로를 맡기는 일이었다.

버거의 논점에는 심오한 뜻이 담겨 있었다. 하나님은 우리 앞에 놓인 도전을 감당하도록 우리를 부르시는데, 우리가 직면한 가장 '급진적인' 도전이 아주 '사소한' 것일 때도 많다. 많은 경우 급진적인 순종에 대한 부르심이 그저 참을성 있게 누군가의 지루한 하소연이나 신경에 거슬리는 소리를 들어주는 일, 나와 같은 죄인 한 사람을 (품기 어려운) 사랑의 심정으로 대하는 일, 어떤 사람이 만인의 눈에는 하찮게 보이는 문제에 대해 나에게 조언을 부탁

했을 때 성심성의껏 자상한 조언을 주는 일 등을 의미할 수 있다.

    이런 경우를 통하여 우리는 우리의 과업이 하나님의 어린 양이 하셨듯이 이 세상의 죄를 지고 가는 그런 웅대한 사역을 되풀이하는 것이 아님을 상기할 수 있다. 이 세상에는 이미 모든 자격을 갖춘 구세주가 계신다. 우리는 그분의 더욱 큰 프로그램에서 우리에게 할당된 소박한 위치를 발견하도록 그리고 그곳이 어디든지 거기서 그분의 은혜로운 사역이 드러나는 것을 경축하도록 부름받은 것이다. 심지어, 그리고 특히, 그런 장소가 우리를 당황케 하고 의아하게 만들지라도 말이다.

    이것은 시민교양의 마지막 특징으로 이어지는데, 그것은 **놀라게 하시는 하나님에 대해 열린 마음**이다. 이런 개방성이 우리 삶의 특징이 될 때 우리는 비로소 인내심을 배운 셈이다. 그리고 그러한 참을성 있는 마음에 따라올 수밖에 없는 융통성과 잠정적인 입장, 겸손함과 경외감, 소박함 등도 함께 소유하게 될 것이다. 이 가운데 어느 것도 우리가 누구인지, 우리가 누구에게 속해 있는지를 분명히 알지 못하면 결코 습득할 수 없는 것이기에, 참을성 있는 마음이야말로 강한 신념이 그 안착할 자리를 찾을 곳이기도 하다.

후기
포옹이 일깨워 준 교훈

비록 나는 시민교양에 관해 많은 글을 쓰고 연설도 많이 한 사람이지만 정작 이 주제에 관해 입을 다물어야 할 상황에 종종 처하곤 한다. 다음 두 사건은 내가 그동안 배운 교훈을 잘 대변해 준다.

첫 번째 사건은 내가 어느 날 식료품을 사러 차를 타고 슈퍼마켓에 갔을 때 일어났다. 주차장이 꽤 붐비던 상황이라 빈자리를 발견한 즉시 거기에 차를 주차시켰다. 그 순간 반대편에서 들려오는 화가 잔뜩 담긴 경적 소리가 내 귓전을 때렸다. 운전자가 그 자리에 차를 대려고 기다리고 있었는데, 나는 그것도 모른 채 차를 갖다 댄 것이 분명했다. 그녀는 몇 초 동안 계속 경적을 울린 뒤에 가운뎃손가락으로 욕을 하고는 다른 자리를 찾아 나섰다.

나는 그녀를 찾기로 마음을 먹었다. 조금 걸어가니 저쪽에 그녀가 차에서 내리는 모습이 보였다.

나는 다가가서 "정말 죄송합니다" 하고 사과했다. "제가 매우 부주의한 짓을 했습니다. 다른 운전자들에게 좀더 주의를 기울였어야 했는데."

그녀는 훌쩍이기 시작했다. "당신이 내가 오늘 겪은 일을 알았더라면…

아, 신경 쓰지 말아요!" 그리고 그녀는 다른 쪽으로 걸어갔다. 그런데 그녀는 몇 발자국을 더 가더니 뒤를 돌아보고서는 눈에 눈물이 고인 채로 "고마워요" 하고 부드럽게 말한 뒤에 다시 발걸음을 재촉했다.

두 번째 사건은 그로부터 몇 주 후 내가 렌트카를 돌려주러 갔다가 직원과 말다툼을 하게 된 것이었다. 그는 한 시간 상당의 추가요금을 부과하려고 했고, 나는 그가 계약서를 잘못 해석하고 있다고 확신했다. 한참 옥신각신하던 중에 매니저로 일하는 아프리카계 미국인 중년여성이 끼어들었다. 그녀가 무슨 문제인지 물어보기에 나는 짜증 난 목소리로 사태를 설명했다. 계약서를 주의 깊게 살펴본 매니저는 자기 동료에게 "이 분이 옳아요"라고 말했다.

그리고 그녀는 나를 쳐다보면서, "당신에게는 포옹이 필요하군요!" 하고 말했다.

짧은 포옹을 받은 뒤에 나는 슈퍼마켓 주차장에서 만난 여성이 건넨 부드러운 목소리를 떠올리며 "감사합니다"라고 부드럽게 응답했다. 이어서 그 직원에게 나의 거친 말투에 대해 조용히 사과했다.

이 사소한 사건들은 시민교양에는 노력이 필요함을 상기시켜 준다. 영적인 노력이 필요하다. 때때로 주님은 누군가의 포옹을 통해 우리에게 이 사실을 일깨우신다!

주

확대개정판 서문

1) "Q & A with Barbara Kingsolver," HarperCollins site ⟨www.harpercollins.com/author/microsite/readingguide.aspx?authorID=5311&displayType=essay&articleId=7460⟩

1. 신념 있는 시민교양

1) *The Poems of W. B. Yeats*, ed. Richard J. Finneran (New York: Macmillan, 1983), p. 187.

2) J. Anthony Lukas, "Something's Gone Terribly Wrong in New York", a review of *The Closest of Strangers: Liberalism and the Politics of Race in New York*, by Jim Sleeper. *New York Times Book Review*, Sept. 9, 1990, p. 11.

3) Martin E. Marty, *By Way of Response* (Nashville: Abingdon Press, 1981), p. 81.

4) Corrie ten Boom, with John and Elizabeth Sherrill, *The Hiding Place* (Washington Depot, conn.: Chosen Books,1971), pp. 94-95. 「주는 나의 피난처」(생명의말씀사).

5) John Calvin, *The Institutes of the Christian Religion*, trans. John Allen, 2

vols. (Philadelphia: Westminster Press, n.d.), IV, xx, 2.

4. 하나님의 임재 가운데 말하기

1) Abraham Yeselson and Anthony Gaglione, "What Really Happened When Arafat Spoke at the U.N.", *Worldview* 18 (Mar. 1975), p. 55.
2) *Early Quaker Writings*, ed. Hugh Barbour and Arthur Roberts (Grand Rapids, Mich.: Eerdmans, 1973), pp. 269-289.
3) John H. Yoder, *When War Is Unjust: Being Honest in Just-War Thinking* (Minneapolis: Augsburg, 1984), pp. 20-22.
4) Gustavo Gutierrez, *A Theology of Liberation: History, Politics and Salvation*, trans. Caridad Inda and John Eagleson (Maryknoll, N.Y.: Orbis, 1973), p. 206. 「해방신학」(분도).

5. 열린 마음

1) *Documents of Vatican II*, ed. Austin P. Flannery (Grand Rapids, Mich.: Eerdmans, 1975), p. 903.
2) Jose Miguez Bonino, *Christians and Marxists: The Mutual Challege to Revolution* (Grand Rapids: Eerdmans, 1976), p. 58.

6. 영적인 토대

1) *The Federalist Papers*, ed. Roy P. Fairfield (Garden City, N.Y.: Anchor Books, 1961), pp. 18-19.
2) Robert Bellah et al., *Habits of the Heart: Individualism and Commitment in American Life* (Los Angeles: University of California Press, 1985), pp. 239, 281-282.
3) Thérèse of Lisieux, *The Autobiography of Saint Thérèse of Lisieux: The Story of a Soul*, trans. John Beevers (New York: Doubleday, 1957), pp. 126-127.

4) Christine D. Pohl, *Making Room: Recovering Hospitality as a Christian Tradition* (Grand Rapids: Eerdmans, 1999), p. 4. 「손대접」(복있는사람).
5) Henri J. M. Nouwen, *The Genesee Diary* (Garden City, N.Y.: Doubleday, 1976), pp. 74-75. 「제네시 일기」(포이에마).
6) John Calvin, *The Institutes of the Christian Religion*, trans. John Allen, 2 vols. (Philadelphia: Westminster Press, n.d.), 1.1.1-2.
7) Mark Labberton, *The Dangerous Act of Worship: Living God's Call to Justice* (Downers Grove, Ill: InterVarsity Press, 2007), pp. 34-35.

7. 다원주의의 장점

1) Diederichs의 사상을 알기 위해서는 Dunbar Moodie, *The Rise of Afrikanerdom: Power, Apartheid and the Afrikaner Civil Religion* (Berkeley: University of California Press, 1975), pp. 156-159을 보라.
2) 다양한 형태의 다원주의에 대한 더 상세한 논의를 보기 위해서는, 필자가 Sander Griffioen과 공동 저술한 *Pluralism, and Horizons: An Essay in Christian Public Philosophy* (Grand Rapids, Mich.: Eerdmans, 1992)를 보라.

9. 다른 종교의 도전

1) "A Common Word Between Us and You," A Common Word website 〈www.acommonword.ocm/index.php?lang=en&page=option1〉.
2) Simone Weil, *Waiting for God*, trans. Emma Craufurd (San Francisco: Harper and Row, 1973), p. 69.
3) S. Mark Heim, *Is Christ the Only Way? Christian Faith in a Pluralistic World* (Valley Forge, Pa.: Judson, 1985), p. 150.
4) Stephen Neill, *Christian Faith and Other Faiths* (Downers Grove, Il.: Inter-Varsity Press, 1984), p. 124.

10. 다원주의 세계에서의 기독교적 리더십

1) James MacGregor Burns, *Leadership* (New York: Harper and Row, 1978), p. 446. 「리더십 강의」(생각의나무).
2) Burns, *Leadership*, p. 20.
3) George F. Will, *Statecraft as Soulcraft: What Government Does* (New Yeok: Simon and Schuster, 1983), pp. 65, 81.
4) Burns, *Leadership*, p. 20.
5) Max DePree, *Leadership Is an Art* (New York: Doubleday, 1989), p. 9. 「리더십은 예술이다」(한세).

11. '다른 한편'이라는 것이 존재하지 않을 때

1) National Conference of Catholic Bishops, *The Challenge of Peace: God's Promise and Our Response—A Pastoral Letter on War and Peace* (Washington, D.C.: United States Catholic Conference, 1983), pp. 42-43.
2) Augustine of Hippo, *Letters*, trans. Sister Wilfred Parsons (New York: Fathers of the Church, 1953), p. 3:138.

12. 지옥은 무례한 개념인가?

1) Peter Toon, *Heaven and Hell: A Biblical and Theological Overview* (New York: Thomas Nelson, 1986).
2) John R. Sachs, "Current Eschatology: Universal Salvation and Problem of Hell", *Theological Studies* 52 (June 1991): p. 234.
3) G. C. Berkouwer, *The Return of Christ*, trans. James Van Oosterom (Grand Rapids, Mich.: Eerdmans, 1972), p. 423.

13. 아브라함 카이퍼, 테레사 수녀를 만나다

1) Kuyper의 생애와 사상을 연구하기 위해서는 McKendree R. Langley, *The Practice of Political Spirituality: Episodes from the Public Career of*

Abraham Kuyper, 1879-1918 (Jordan Station, Ont., Canada: Paideia, 1984)과 L. Praamsma, *Let Christ Be King: Reflections on the Life and Times of Abraham Kuyper* (Jordan Station, Ont., Canada: Paideia, 1985)를 보라.

2) Mother Teresa of Calcutta, *My Life for the Poor*, ed. Jose Luis Gonzalez-Balada and Janet N. Playfoot (San Francisco: Harper and Row, 1985), p. 18.

14. 느린 하나님을 섬기기

1) Mother Teresa와의 인터뷰 기사, "A Pencil in the Hand of God," *Time*, December 4, 1989, p. 11.
2) 이 이야기는 William G. McLoughlin, *Rhode Island: A Bicentennial History* (New York: W. W. Nerton, 1978), pp. 10-11에 수록되어 있다.
3) Robert Bellah et al., *Habits of the Heart: Individualism and Commitment in American Life* (Berkeley: University of california Press, 1985), p. 295.

옮긴이 홍병룡은 연세대 정치외교학과와 동대학원을 졸업하고, IVP 대표 간사로 일했다. 캐나다 리젠트 칼리지와 기독교학문연구소, 호주국립대학에서 공부했다. 현재 프리랜서로 기획 및 번역 일을 하고 있다. 지금까지 「여성, 그대의 사명은」, 「소명」, 「정의와 평화가 입맞출 때까지」, 「다원주의 사회에서의 복음」(이상 IVP), 「완전한 진리」(복있는사람), 「서로서로 세우자」(생명의말씀사) 등 다수의 책을 번역했다.

무례한 기독교

초판 발행_ 2004년 2월 20일
초판 13쇄_ 2013년 7월 25일
확대개정판 발행_ 2014년 6월 25일
확대개정판 7쇄_ 2024년 10월 10일

지은이_ 리처드 마우
옮긴이_ 홍병룡
펴낸이_ 정모세

펴낸곳_ 한국기독학생회출판부
등록번호_ 제2001-000198호(1978.6.1)
주소_ 04031 서울시 마포구 동교로 156-10
대표 전화_ (02)337-2257 팩스_ (02)337-2258
영업 전화_ (02)338-2282 팩스_ 080-915-1515
홈페이지_ http://www.ivp.co.kr 이메일_ ivp@ivp.co.kr
ISBN 978-89-328-1351-6

ⓒ 한국기독학생회출판부 2014

책값은 뒤표지에 있습니다.
무단 전재와 복제를 금합니다.